はじめての裂き織りレッスン

箕輪直子

誠文堂新光社

はじめに

へぇ～裂き織りでこんな作品ができちゃうの！？って

思ってもらいたくてこの本を作りました。

素材も木綿や着物だけではなく、コーデュロイやフリース、

ラフィアやジーンズの房耳とバラエティに富み、

それぞれの素材の特徴を生かして仕上げました。

ナチュラル・エスニック・和・モノトーン

4つのテイストに分け、イメージを膨らませていった作品です。

この本の中に、「作ってみた～い！」と思う作品が

ひとつでもあれば幸いです。

卓上織り機は机と身体で挟むように固定すると楽に織れます。

CONTENTS

NATURAL

ナチュラル

生成りの木綿に浮き織りで色を加えて
アクセントにしたランチアイテム。
カトラリーケースとパン入れは織り布を折り紙のように
たたんでかがるだけのカンタン仕立てです。

浮き織り・ランチョンマットとカトラリーケース → P.63

たて糸をひろって織るオーバーショットのクッション
極太毛糸とボアの組み合わせだから、とっても柔らかい。
布は長めに織って、かぶせタイプの仕立てにしました。

ひろって柄を出す・クッション → P.72

NATURAL

胴裏を1cmに裂き、糸と交互に織るので
羽衣のような仕上がり。
オールシーズン使える大判ショールです。

うね織り・ショール ➔ P.83

裂き布と糸を交互に織るうね織りで
大胆なチェック柄を長く織りました。
長方形の布を斜めにたたんでかがるので
たっぷりサイズのあずま袋が出来上がります

うね織り・あずまバッグ
➔ P.84

立体感のある表情が特徴の
ワッフル織り。
たて糸は極太毛糸、
よこ糸は木綿の裂き布なので
軽く仕上がるのが特徴です。

ひろって柄を出す・
トートバッグ

→ P.74

NATURAL

切り落としのジーンズの房耳をよこ糸にして、大きな布を織りました。
楕円の底板にかがって立体仕上げ
残った房耳を丸めたタッセルを飾ればでき上がり!

浮き織り・バスケット ➔ P. 66

ETHNIC

たて糸は艶のあるチューブヤーン、
よこ糸はシックにモスグリーンの木綿裂き布の組み合わせ。
そこにプラスで浮き織りを入れた大人のバッグです。

浮き織り・あずまバッグ ➔ P.68

たて糸の位置を変えることで
面白い表情になるよろけ縞織り。
色づき始めた秋の樹々をイメージしました。

よろけ縞織り・クッション ➔ P.90

ETHNIC

エスニック

ラフィアをよこ糸にして、張りのある織り地に。
植物素材も裂き織りの材料になります。

平織り・メガネケースとペンケース → P.54

ETHNIC

茶をベースに柄布でさりげなく
引き返し織りを加えたフロアマット。
地は平織りなのでサクサクと織り進みます。

引き返し織り・フロアマット ➔ P.96

ラフィア50gを裂かずに
そのまま織りこんでたっぷりサイズのバッグに。
ベルト布は輪っか状にして
マチも底も兼ねています。

平織り・ショルダーバッグ
➔ P.52

JAPANESE

和

裂き布はたて糸にすることもできます。
長い布が手に入ったら、たてよこともに裂き布で
網代織りはいかがでしょうか。

網代織り・テーブルマットとコースター → P.102

色数の多い並太毛糸の中からグラデーションに
なるように色を選んでカツオ縞にしました。
裂いた布をよこ糸にすればより深みのある色に。

平織り・クッション ➔ P.56

平織りの途中で引き返し織りで穴を開けて持ち手にし、3辺をかがればでき上がり。
平置きするとうさぎの耳のような形がかわいいバッグです。

引き返し織り・うさ耳バッグ → P.98

小布を貼り合わせて
新しい柄の布を作りましょう。
それを裂いて織りこめば
段染め糸のような色合いになります！

平織り・あずまバッグ → P.58

MONOTONE

モノトーン

マスの大きさを変えて
モアレ効果を狙った
等差織りのひざかけ。
フリースを織りこんであるので
ふわっと軽くて暖かい!

モノトーンのメリハリが利いた
スタイリッシュな
クレープ織りのクッションは、
誰でも手に入る
毛糸と木綿の組み合わせ。

ひろって柄を出す・クッション → P.76
うね網代織り・ひざかけ → P.105

マットのよこ糸はコーデュロイの裂き布、
厚みのあるしっかりした織り地に仕上げました。

ノット織り・フロアマット ➔ P. 110

MONOTONE

長方形に織った2枚の布地を
かがって仕立てるスクエアバッグは
ハトメ仕上げが使いやすさのポイント!
ベルトの長さはお好みで。

ひろって柄を出す・スクエアバッグ
→ P.78

ベルト織り
→ P.116

表裏で色が逆転するダブルフェイスのうね織りバッグ。
ストライプを生かしたしっかり織り地に仕上がります。

うね織り・あずまバッグ

→ P.86

PART
1
裂き織りについて

織る前に知っておきたい、
織り機についてと、織りの基本を集めました。

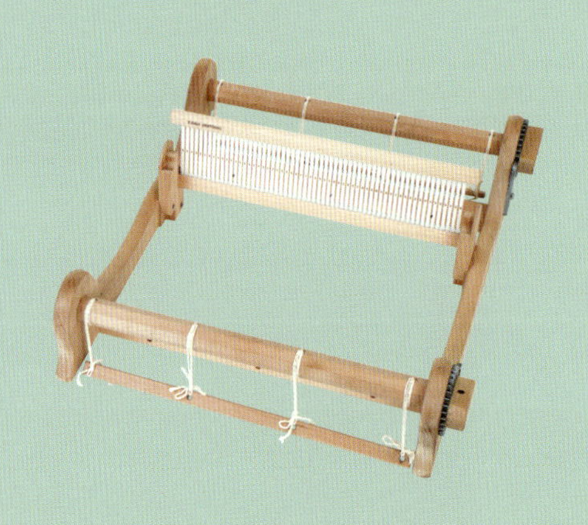

織り機と糸のかけ方

fundamental lesson

卓上クローズドリード

メーカーによって裏面が整経台になっているタイプ、半分に折りたためるタイプなど仕様は多少異なりますが、使い方の基本は同じです。基本的なたて糸のかけ方は、糸のかけ方の画像2のようにペグを立てて直接筬通しをしながら整経していく方法です。マフラーサイズであれば1時間半程度で機掛けが完了します。

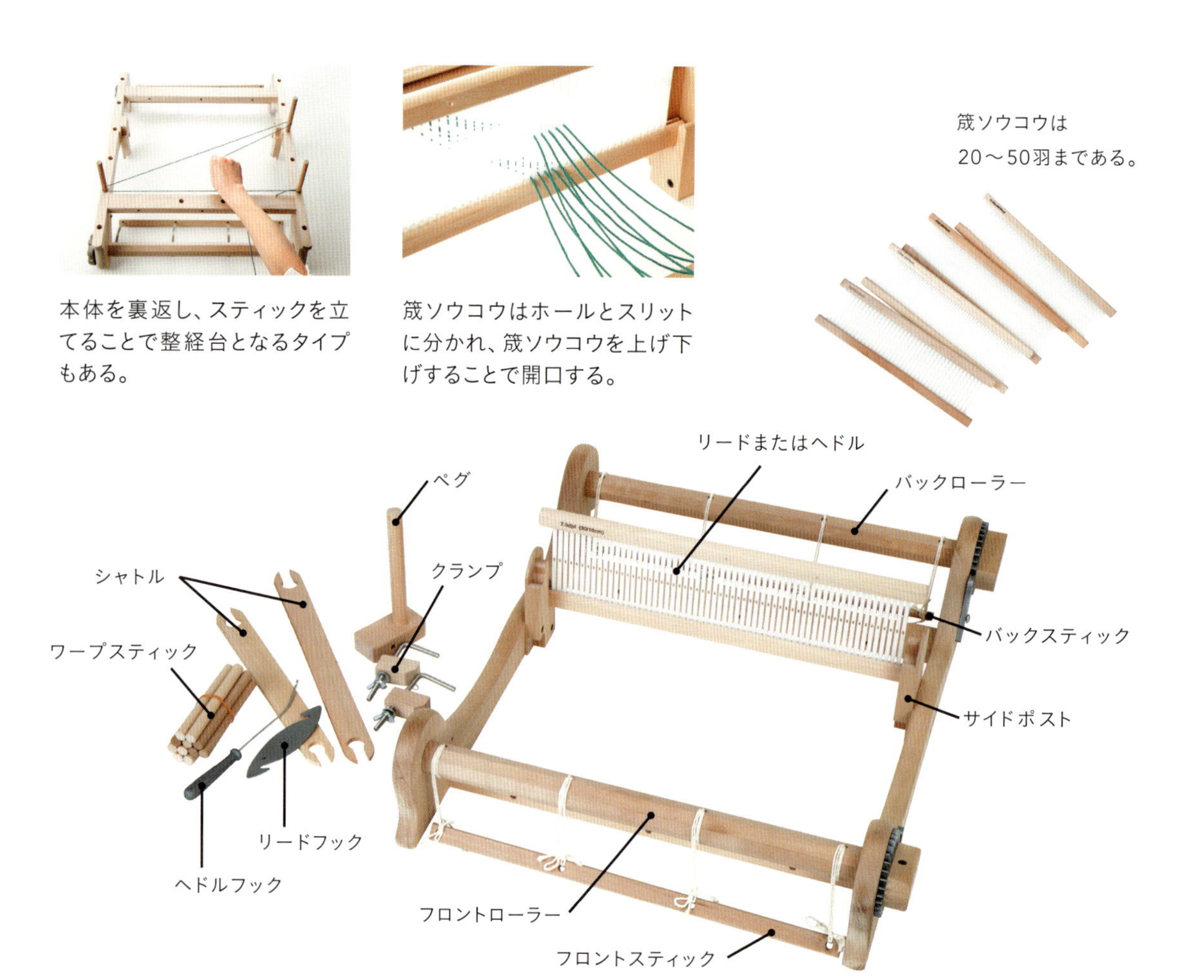

本体を裏返し、スティックを立てることで整経台となるタイプもある。

筬ソウコウはホールとスリットに分かれ、筬ソウコウを上げ下げすることで開口する。

筬ソウコウは20〜50羽まである。

卓上クローズドリード

糸のかけ方

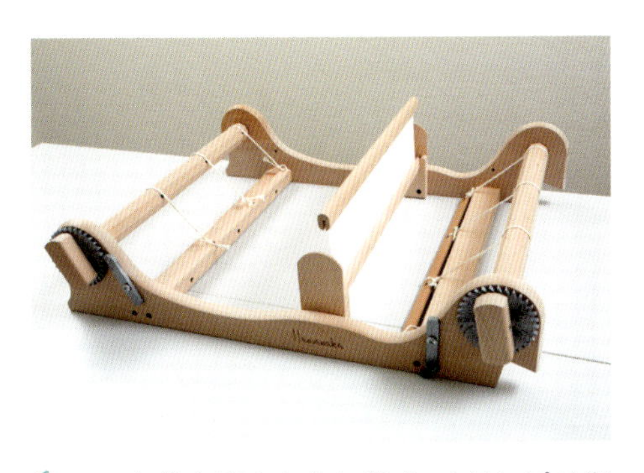

1　本体を平らな台に置き、クランプで留めます。

2　本体から必要な長さのところにペグを取り付けます。

3　茶色の糸端をバックスティックにほどけないようにしっかり結び、糸は本体の後ろに置きます。

4　糸をスリットに通し、ペグにかけます。スリットに通すとき、リードフックにかけて引くとスムーズ。

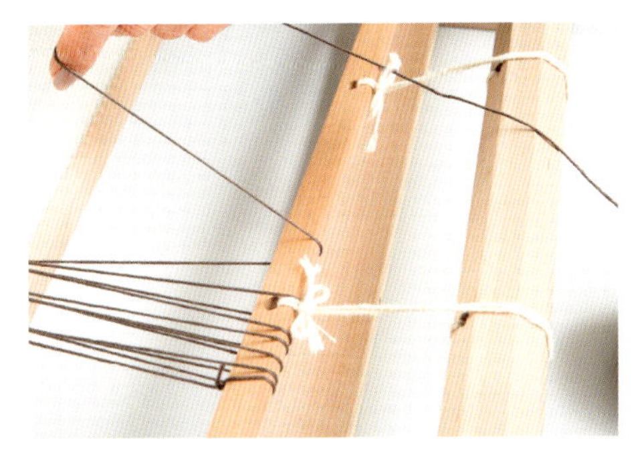

5　糸はバックスティックでUターンさせます。

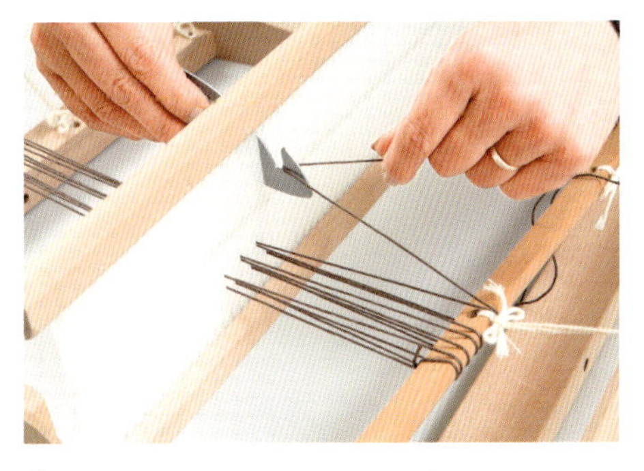

6　隣のスリットに糸を通します。

7　1本の糸を切らずに8スリット16本分繰り返します。

8　茶色の糸を切ってバックスティックに結びます。

9　青い糸をバックスティックに結びます。

10　青い糸を12スリット24本分かけたら、また茶色の糸を8スリット16本通します。

11　22cm幅66本分のたて糸が用意できた状態。

12　ペグから15cm位のところをひもで縛ります。

13 輪の中に親指を入れて、ペグから糸の束を抜きます。

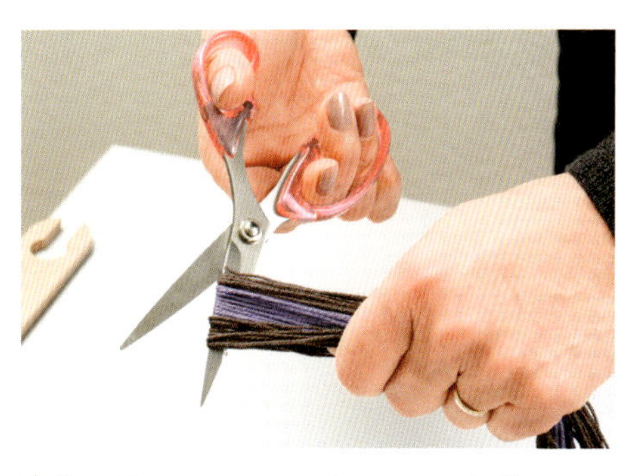

14 輪になっている糸は、この段階ではさみで切ります。

15 たて糸を巻き取ります。バックビームに巻き紙を挟みます。

16 この歯車にストッパーがかかっていることを確認しましょう。

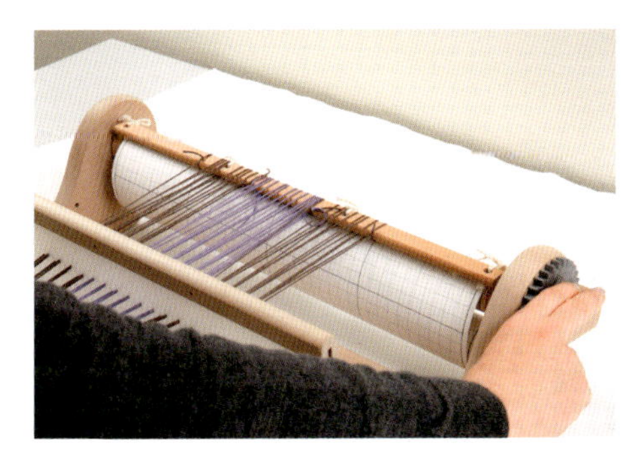

17 たて糸の束を片手で引っ張った状態で、バックビームに巻いていきます。

18 糸の束の端がフロントビームのあたりにくる長さまで巻き取ります。

19　スリットに入っている2本の糸のうち、1本をホールに移します。

20　2本の糸のうち左側の1本をスリットから抜き、ホールに通します。ヘドルフックをホールに通し糸をかけて引っ張るとスムーズ。

21　同じ要領ですべてのスリットから、2本の糸のうち1本をホールに移します。

22　通し終えたら、たて糸を2〜3cm幅に小分けします。

23　小分けした糸はよく揃え、フロントスティックの上から下に通して糸端を二つに分けて結びます。

24　小分けしたすべての糸を、引っ張った状態で結びます。

25　たて糸の張りが一定かどうか確認し、緩いたて糸は結び直します。

26　たて糸の張りが一定なのを確認したら、改めて蝶々結びをします。

卓上オープンリード

特徴のひとつは織り機の表面に整経台が付いていることで、たて糸掛けから織り上りまでの作業がこの約50cm四方の枠内で完了します。もうひとつ大きな特徴は、薄い板状のプラスチック（羽）を組み合わせた筬ソウコウにあります。ポッチ状のストッパーが付いたこの溝に、たて糸をはめ込めば筬とソウコウを通し終えたことになるので、マフラーサイズであれば1時間で機掛けが完了します。

たて糸の端をオレンジ色のホルダーで挟み込むように、フロントローラーに取り付けるワンタッチ型。

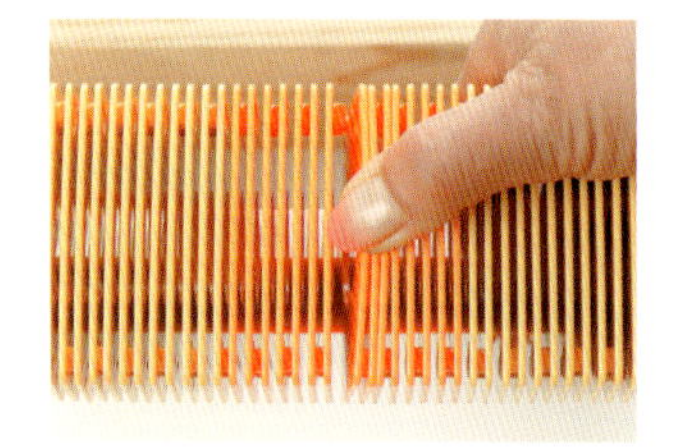

薄い羽には手前と奥に交互にポッチが付いています。筬ソウコウを前後に傾けると、たて糸がポッチに押されて開口。

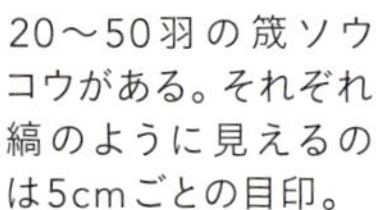

20〜50羽の筬ソウコウがある。それぞれ縞のように見えるのは5cmごとの目印。

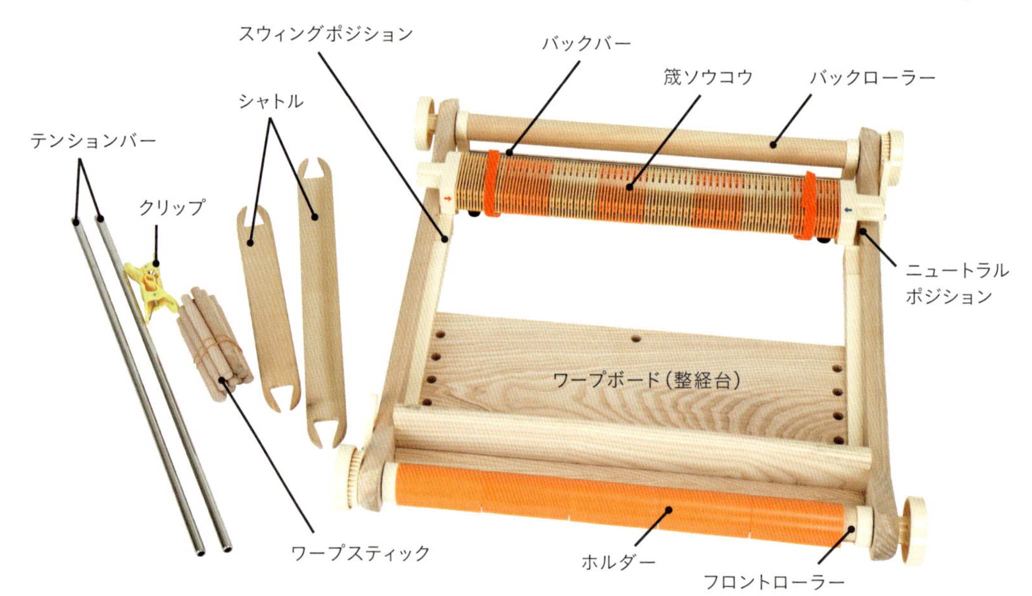

卓上オープンリード

糸のかけ方

1　オープンリードの織り機は表側に整経台がついています。ソウコウは赤い矢印が右側にくるように置きます。

2　たて糸の長さが2.1mになるようにワープスティックを立てます。

3　白とオレンジの毛糸をバックバーに結び、糸は織り機の後ろに置きます。

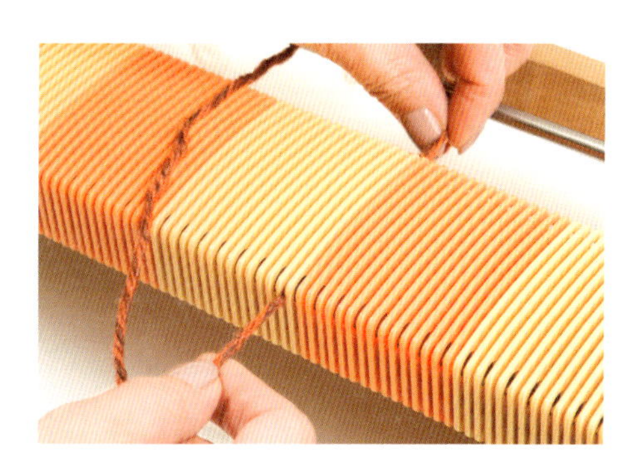

4　オレンジの毛糸をカチッと音がするまでソウコウの溝に差し込みます。これで筬通し、ソウコウ通しが完了。

5　スティックに沿って2.1mのところまでオレンジの糸をかけます。

6　同じところを通って糸を戻し、2本目のたて糸をかけます。

7　次は白い毛糸2本を同様にかけます。オレンジと白を2本ずつ交互にかけていきます。

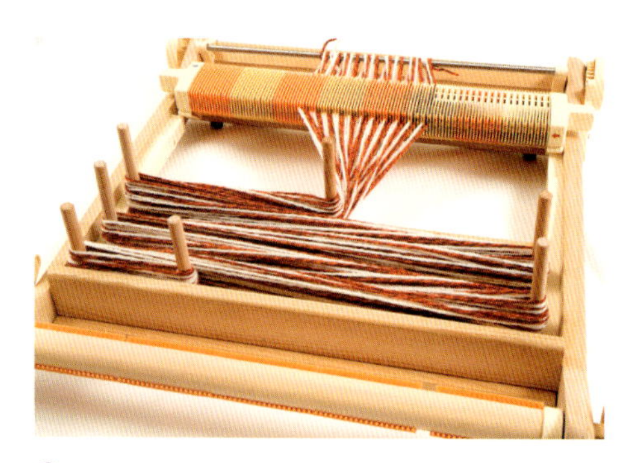

8　オレンジと白2本ずつの縞で44本のたて糸が準備できた状態。

9　別糸で何カ所かたて糸の束を縛ります。

10　最後のスティックのところに指を入れ、輪を切ります。

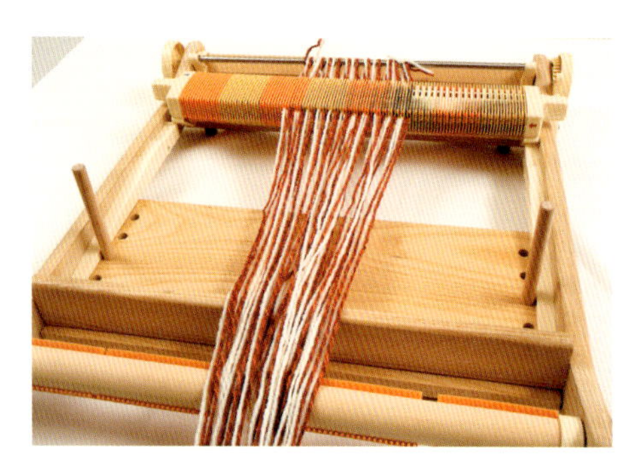

11　44本×210cmのたて糸が揃ったら、中央2本にスティックを立てます。

12　スウィングポジションでソウコウを赤い矢印側に傾けると開口します。

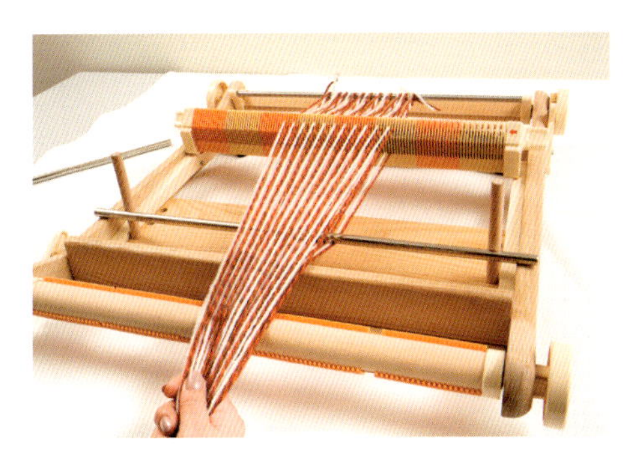

13　その隙間にテンションバーを通し、ワープスティックの手前に置きます。

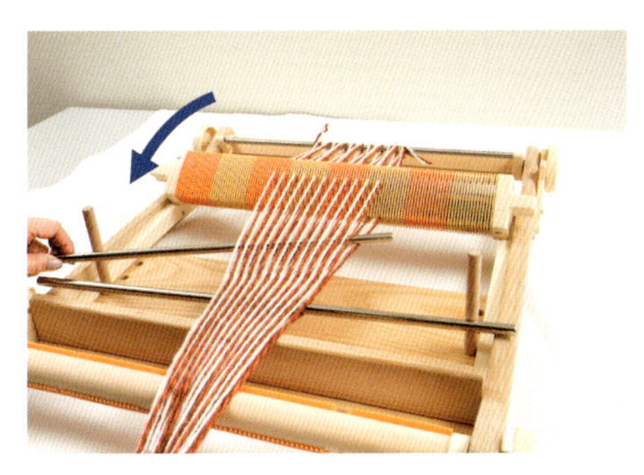

14　ソウコウを青い矢印側に傾け、テンションバーを入れます。

15　テンションバー2本をクリップで留めます。これでたて糸が一定の張りになります。

16　巻紙を挟み、バックバーを下して押さえます。

17　ハンドルを回してたて糸を巻き取ります。たて糸が絡まないようにときどきとかし、糸端がホルダーのところにくるまで巻きます。

18　マジックテープでストッパーを固定し、ホルダーを外します。

19　ソウコウを手前に置き、ホルダーで幅を出しながらたて糸を留めます。

20　たて糸の張りが一定か確認し、緩いところはホルダーを留め直します。

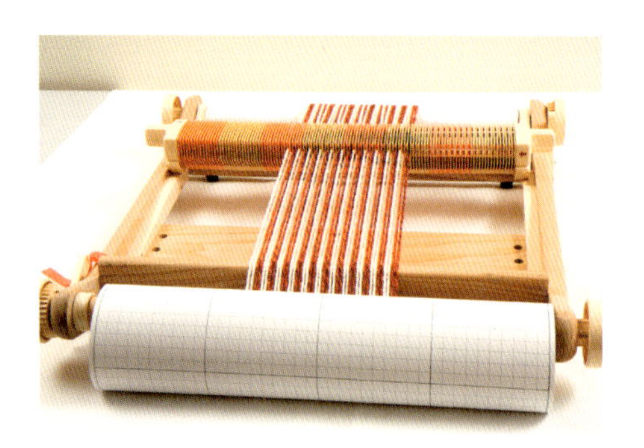

21　フロントローラーに巻紙を挟み、10cmたて糸を巻き取ってから織りはじめます。

もっとコンパクトなヘドルルームでも
裂き織りはできます（116ページ）。

裂き織りのコツ

point

1 素材の選び方

[コットン]

柄のある布はそれだけで面白い裂き織り素材になります。縞の布はたてに裂くかよこに裂くかで柄が変わります。柄布ばかり使うと織り布がくどくなる場合があるので、無地の裂き布と組み合わせてもいいでしょう。

木綿の布は裂き織りに一番適しています。織り地のたてよこの糸が同じ太さであることと、比較的密度の整った布地が裂きやすい布選びのポイントです。

[フリース]

フリースもはさみで細幅に切れば、裂き織りのよこ糸になります。コツは引っ張って伸びる方向に切ることです。切った後に引っ張ると布に丸みを出すことができます。

[シルクシフォン]

裂きやすく、軽く仕上がるのが特徴です。ベストやショールなど裂き織り布を軽く仕上げたい時におすすめです。

2 たて糸の選び方

織り機にかけるので引っ張っても切れない糸であることが基本です。絹の着物の裂き布だからたて糸も絹、木綿の場合はたて糸も木綿といったような決まりはありません。

初心者の場合は手芸店の夏糸コーナーにあるストレートな綿糸から始めるといいでしょう。細い絹糸や100％麻の糸、節のある変わり糸などは少し織りに慣れてからにしましょう。

③ 裂く前にすること

シャツなどの衣類は洗濯機で洗い、それぞれの部位に解体します。Yシャツ1枚で40×50cm程度の裂き織り布を織ることができるので、小物を織る程度なら襟や端ミシン部分は切り落としてもいいでしょう。

着物や帯はまず解体してから水洗いをします。水洗いしたときに色落ちが激しいような布はベストなど身につけるものには使わないようにしましょう。

④ 必要量の目安

裂き織りで用意する元布は、織りたい布の大きさの3倍くらいが目安です。また、織り幅を30cm、布の裂き幅を1cmとした場合、布1gで1cm織れるのが目安です。

布の1m四方の重さの目安は、木綿シーチングで100〜150g、シルク羽二重は50〜100g、シルクシフォンは20〜40gです。

⑤ 裂き幅

裂き幅は織ろうとする布の使い道によって変わってきます。細く裂けるシーチングの場合、ベストなど軽く仕上げたい衣類にするのであれば1cm以下に裂き、敷物にする場合は3cm以内の範囲で裂きます。

6 布の裂き方

布地を裂くとかなりほこりが舞います。大量に裂くときはエプロンとマスクを着用し、屋外で作業するのがおすすめ。
裂く前にいったん水に浸して洗濯機でよく脱水する、つまりほんの少し湿った状態で裂くとほこりが少ないというのも裂き方のポイントのひとつです。

A 切れ込みを入れて裂く

裂ける布の場合の、最も基本の裂き方です。ポイントは深めに切れ込みを入れること。
1cm程度の切れ込みでは布がちぎれることがあるので、約3cmの切れ込みを入れます。

1 布の裂きたい幅のところに2〜3cmの切れ込みをはさみで入れます。

2 切れ込みを入れた布を両手で持って勢いよく裂きます。

3 布端に来たら、裂き切らずに1cmほど残しておきます。

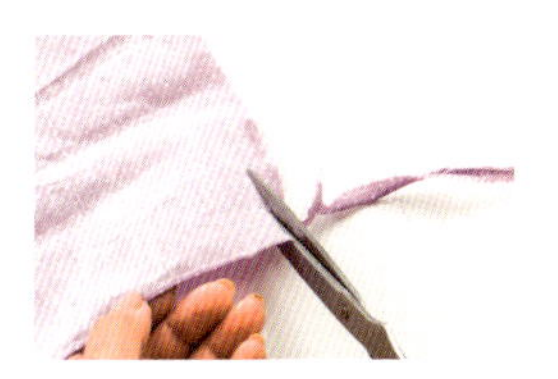

4 その横に切れ込みを入れます。小さな布も行ったり来たりで長いひも状になります。

B ロータリーカッターとテープカット定規

手では裂けない布は道具を使うといいでしょう。裂ける布も道具を使うと、ほつれも少なくきれいに仕上がります。
バイヤスに布を切る時も道具があると便利です。

1 長い布をカットするとき二つ折りをし、折り返しの輪っか部分を5cm以上残し、折りたたみます。

2 着物などすべりの良い布はずれないようにカットする前に3カ所にしつけをします。

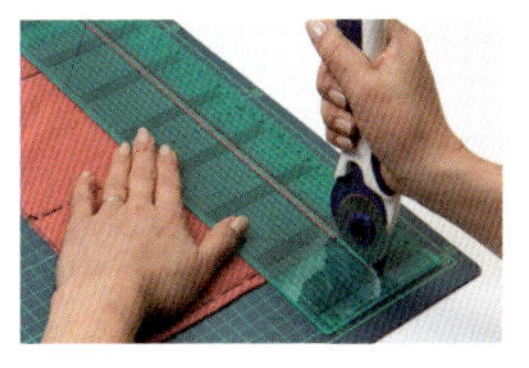

3 その状態でカッティングボードの線に揃えてセットし、折り返し部分を数センチ残してカットします。

4 折り返し部分を残して揃えて切ります。

5 広げると折り返しの端を残して、短冊状に切れました。

6 折り返し部分を交互に切れば、一本の長いひも状になります。

7 シャトルに巻きます。

C　裂く方向を考える

布を裂く方向は何種類かあります。チェックの布をもとに、その裂き方の違いを一覧にしました。
実際に織った織りサンプル一覧は118～119ページに掲載してありますので参考にしてください。

[元布]

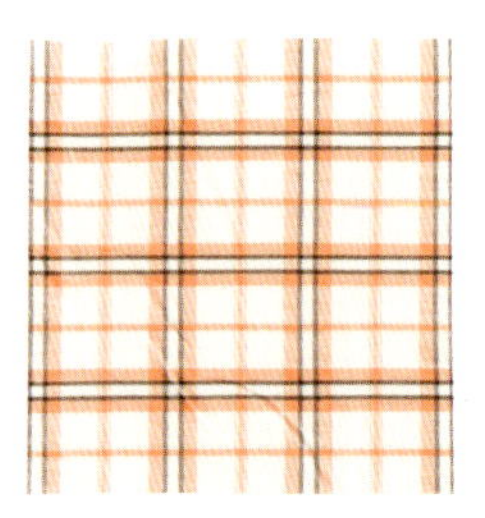

[たてに裂く]

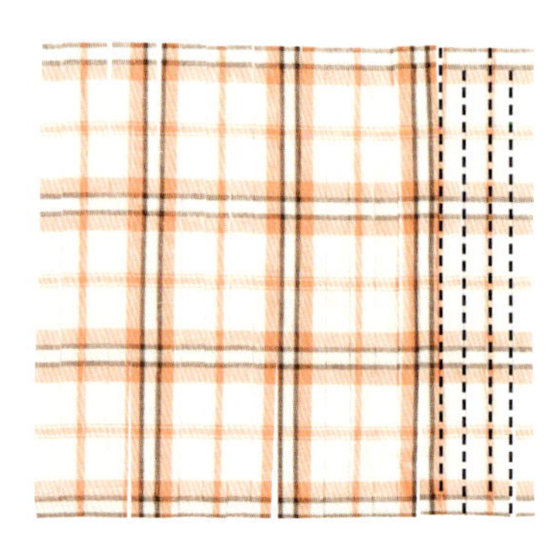

たてに裂くとチェックの布の場合、色の濃淡が筋によって異なり、織り柄として出てきます。

[よこに裂く]

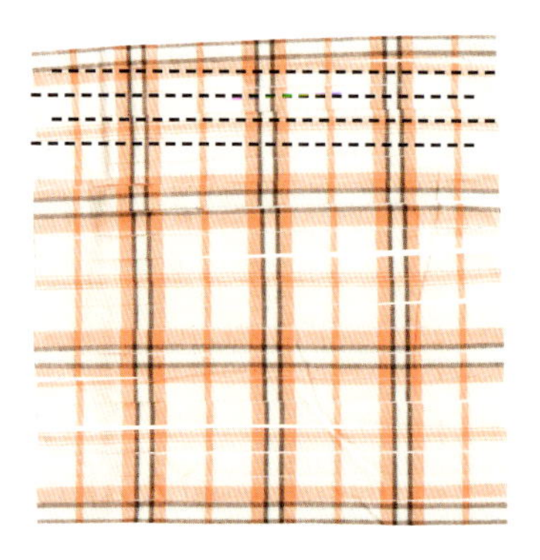

シンメトリーチェックの場合はたてに裂くのと同じですが、縞の布の場合は、たてよこどちらに裂くかで織り柄が変わります。

[バイヤスに切る]

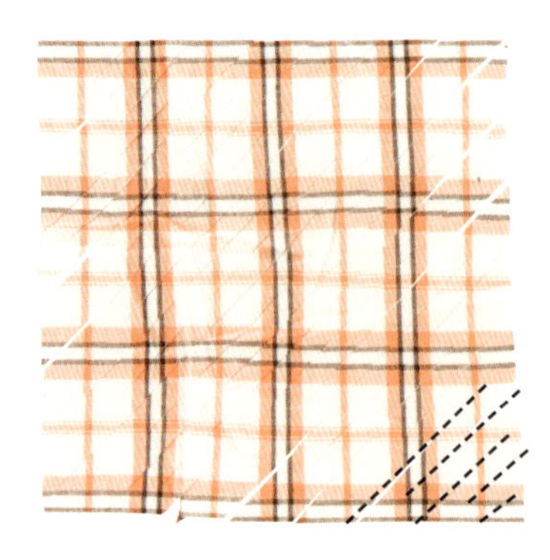

布をバイヤス方向に裂くことはできないのではさみやカッターなどで切ります。布のほつれが出ないのが特徴です。

[円を描いて切る]

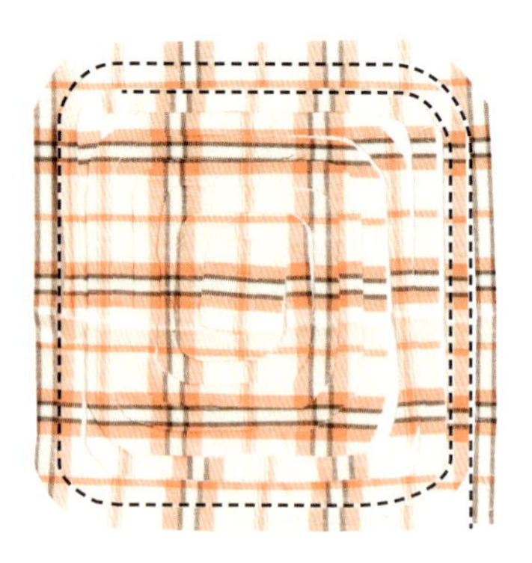

切り返しの角が気になる人、ネクタイのように小さくて変形の布を切るときにおすすめです。

7 変わり素材の裂き方のポイント

変わり素材の布を裂くときのポイントをいくつかあげました。変わり素材をどうすると効果的に使えるかを考えるのも、裂き織りの楽しみのひとつです。

A メリヤス地（編み地）

ニット地（編み地）は裂けないので、はさみあるいはカッターでひも状に切りますが、メリヤス地にはカットした布の伸びる方向と伸びない方向があり、伸びる方向にカットします（参考作品72ページ・ひろって柄をだすのクッション）。

1 Tシャツ地やフリースは引っ張ると伸びて丸まる方向があります。

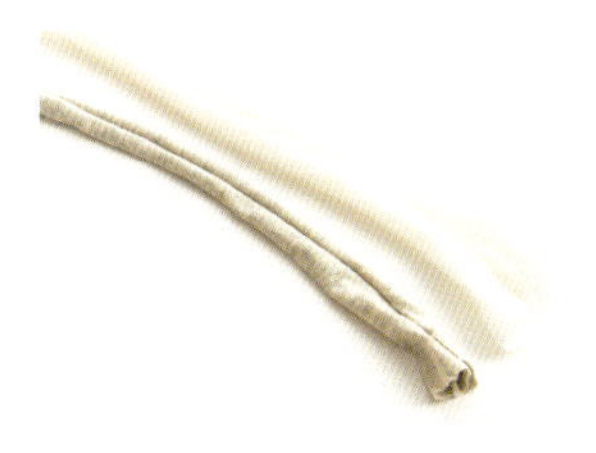

2 よこ糸にする時は、ある程度伸ばしてから織り込みます。

B コーデュロイ（コール天）

この呼び名は英名か和名かの違い。たてうねの織物なので、薄手であれば溝に沿って裂くことができます。裂くときにほこりや屑が出ますが、よこ糸として織るとおもしろい裂き織り地ができます（参考作品110ページ・ノット織りのフロアマット）。

コーデュロイも溝の数を揃えて裂けば、均一の太さの裂き布ができます。

よこ糸として織り込むとビロードのような、タオル地のようなおもしろい風合いの裂き織り布になります。

C ほつれやすい布

帯やネクタイなどのジャカード地、目の粗い布などほつれやすい布は、薄い芯地を貼ってからカッターで切るとよいでしょう。

❽ 裂き布にプラスのひと工夫

布を裂いてそのまま使うのではなく、ちょっとしたひと工夫を加えると裂き織りの世界が広がります。たとえば裂き織りをするうえで水はかなり重要な助けになります。「❻布の裂き方」にあるように、布を湿らせた状態で裂くとほこりが出にくくなり、裂き布を湿らせた状態で織ると銘仙のような張りのある布もきれいに打ち込めます。

裂き布を湿らせる

特に卓上タイプの打ち込みの弱い織り機の場合に有効。裂き布を巻いたシャトルをビニール袋に入れ、霧吹きで湿らせてから織るだけでかなり高い効果が得られます。

水で湿らせたふきんを用意し、裂いた布を湿らせながらシャトルに巻きます。

卓上織り機で裂き布を湿らせてから織った布（左）、乾いた裂き布で織った布（右）。

❾ 裂き布のつなげ方

裂き布の長さには限りがあるので、織っていればいつかはつながなければなりません。そのつなげ方のバリエーションを挙げたので、自分でやりやすいと思う方法を見つけてください。またよこ糸のつなぎ目が完全に隠れることはありません。目立たないように織り幅の端の方でつなぐのもひとつのコツです。

A 重ねる

一番一般的な方法です。結ぶと結び目ができるのでたて糸10本分程度端布同士を重ねます。はみ出した裂き布は、織り進んでからカットします。もちろん端布が飛び出さないように重ねてもかまいません。

B 斜めに切る

裂き幅が広い場合は布端を斜めに切ってから重ねて織ると、つなぎ目が目立たないでしょう。

C 絡めるように巻き込む

指先で裂き布の端同士を絡めます。布端が隠れるので、よりつなぎ目が目立ちません。裂き布の色を変える時にもよいでしょう。

D 縫う

裂き布は縫ってつなげることもできます。広幅の裂き布の時におすすめです。

重ねて縫う

たて糸にするときは2枚の裂き布を2cm重ね、布端の近く2カ所を縫います。

斜めに縫う

1 広幅の裂き布の場合は、2枚の布端を垂直に重ねて斜めに縫います。

2 折り返すとまっすぐになります。角をはさみでカットするとよいでしょう。

E ねじってつなぐ

112ページの布ぞうりなど広幅の布をたくさん使う時にこの方法を用います。結んではいませんが、つなぎ目がこぶにはなります。ぞうりを織るときはつなぎ目を内側に隠すようにするといいでしょう。

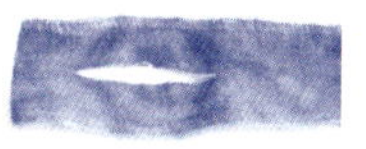

1 2枚の布のそれぞれの端に切れ込みを入れます。

2 片方の布をもう片方の切れ込みの中に通します。

3 通した裂き布の切れ込みに残りの布を入れます。

F 貼る

小さな布を貼り合わせて新たな布にすることもできます。布補修用ボンドは乾いた後なら水洗いができるので、仕上げの水通しの時にほどけることはありません。ただしたて糸にするほどの強度はありません。(参考作品58ページ・平織りのあずまバッグ)。

ボンドは指先でのばし、別布を1cm重ねて貼り合わせます。58ページのバッグの布はカッターで切りましたが、同程度の布を隙間なく貼れば、裂くこともできます。

⑩ シャトルの巻き方

ここではシャトルに裂き布を巻くときのポイントを説明します。シャトルは織り幅に合わせて何本か揃えておき、狭い織り幅の時は短いシャトルを、広い織り幅の時は長いシャトルと使い分けると織りやすいでしょう。

A 8の字に巻く

糸の場合はシャトルの窪みから窪みへと巻いていきますが、ボリュームのある裂き布で同じようにするとたくさんは巻けません。裂き布の場合は上下のツノを利用して数字の8を描くように巻きましょう。

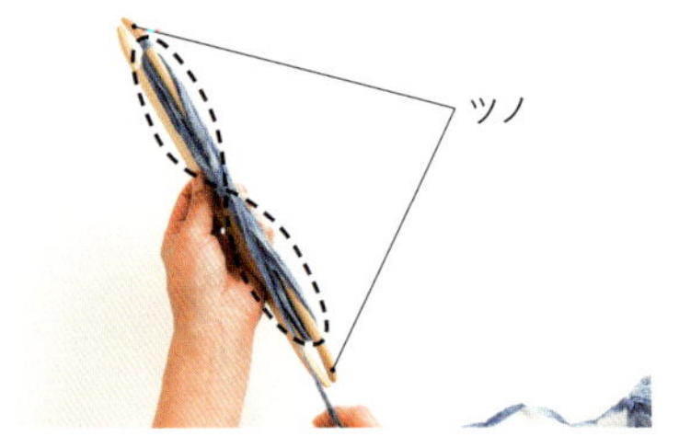

1 シャトルの片側の上下のツノを使って数字の8を描くように巻いていきます。

2 ある程度巻いたら持ち替えて、逆側の上下のツノを利用して巻きます。

B ねじりをほどいて巻く

裂き布のねじれが気になる場合はねじれを先にほどいてから巻くといいでしょう。裂き布を玉巻きにするとねじりが生じるので、裂いた布はそのままねじれがかからないようにシャトルに巻いていきます。とても手間がかかりますが、織り途中でねじれを直すより効率的です。

左がねじれている状態。右がねじれを取りながら巻いた状態。

11 織り方

裂き織りの素材や使用目的によって、あるいは手持ちの織り機によって織り方のコツは変わってきますが、よく受ける質問の答えのつもりでいくつか挙げてみました。

A 織り幅を一定にする

織っているうちに織り幅が狭くなる原因の多くはゆるみが足りないことです。裂き布、つまりよこ糸はたて糸に対してまっすぐではなく、たて糸の上下を交互に渡っているのでゆるみ分はしっかりとりましょう。

ゆるみの入れ方

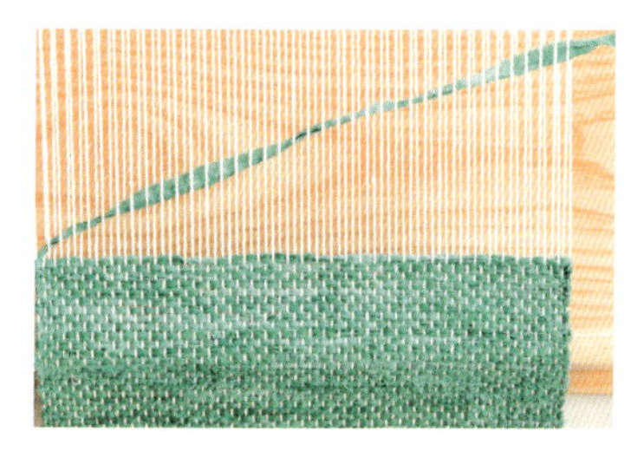

1 裂き布を入れたら、30度の角度にしてから打ち込みます。これがゆるみ分です。

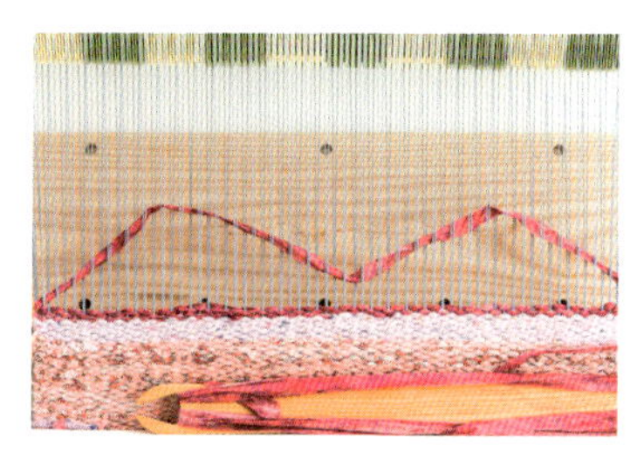

2 広幅（写真のたて糸は60cm）の場合はゆるみをふた山にするといいでしょう。

3 卓上織り機に広幅でたて糸をかけると織っているうちにたて糸が中央に寄ってきます。その場合はたて糸の下に手をまわし、広げてあげるといいでしょう。

B 裂き布のとんがりの処理

行ったり来たりで裂いていく布には折り返し部分にとんがりができます。ここではカットした布のとんがりが気になる場合のポイントを紹介します。また、切り返し部分が来たら裂き切って重ねてつなげるというのもひとつの方法です。

裏に押し込む

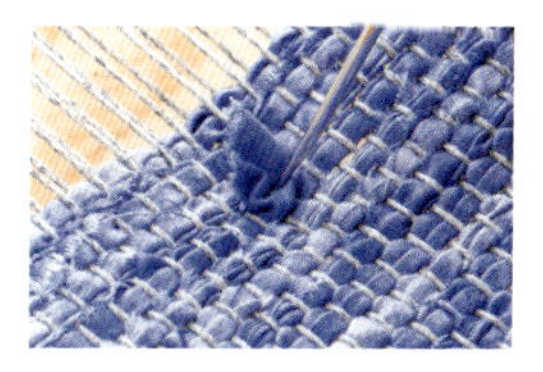

裂き織り布の表裏をどちらかと決め、飛び出した切り返し部分をとじ針やボールペンの先で裏側に押し込みます。

とんがりをカットする

切り返しの角が気になる場合は、はさみで角を切ってからシャトルに巻きましょう。

内側に折る

とんがり部分に来たら指先で角を内側に折り込みます。

湿らせる

小皿に水を入れ、とんがり部分になったら指先を湿らせ、角を揉んでから打ち込むと織りつぶれます。

⑫ 仕上げ

織り上げた裂き織り布の仕上げのポイントです。

A 房の始末

織り上げた布はすぐに仕立てをする場合を除き、どれも房の始末をします。そのバリエーションを紹介しましょう。また房の結び目に一滴たらすと染み込んで固くならずに固定する専用の糸始末リキッドもあります。

玉結び

何本かの糸を束ねて結びます。

ネクタイ結び

1本のたて糸で数本をまとめて縛ります。玉結びより結び目が小さいのが特徴です。

撚り合わせ

1 同じ数のたて糸2束に、それぞれ同じ方向で撚りをかけます。

2 束を揃え、逆方向に撚りをかけます。専用の房撚り器があると便利です。

ヘムステッチ

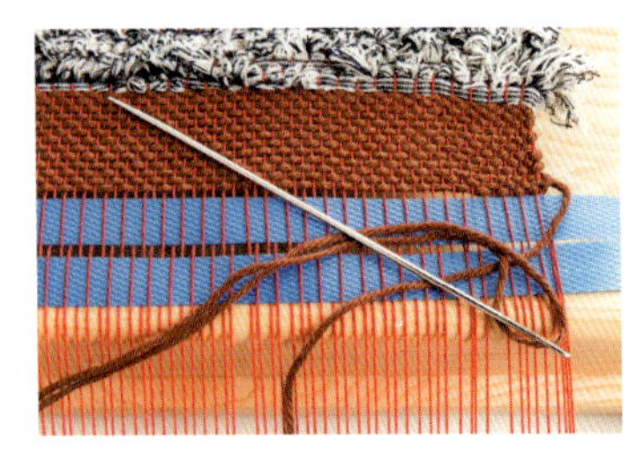

1 織り始めの糸織りで、織り幅の4倍程度の糸を残し、そのよこ糸でたて糸を縛るようにかがります。糸織りの前にPPバンドを入れ、作業する前にはずすと隙間ができてステッチしやすいでしょう。

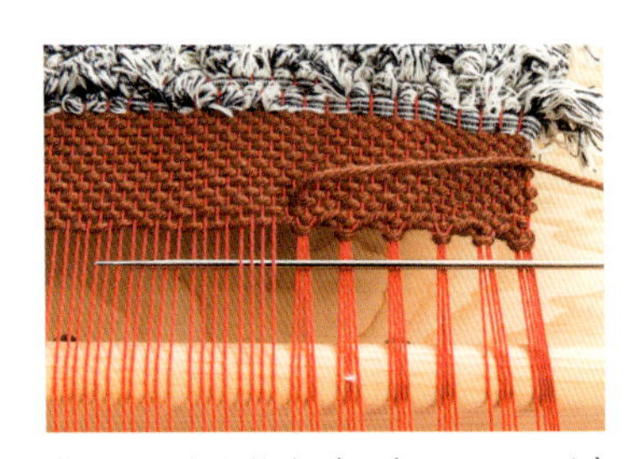

2 たて糸を数本ずつ（ここでは4本）ひろいます。

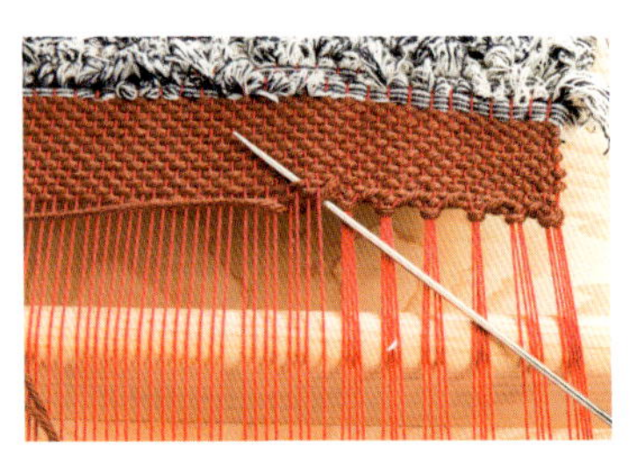

3 同じ場所からとじ針を入れ、織り地に刺します。縫いとめているのでほどけないのが特徴です。

引き込む

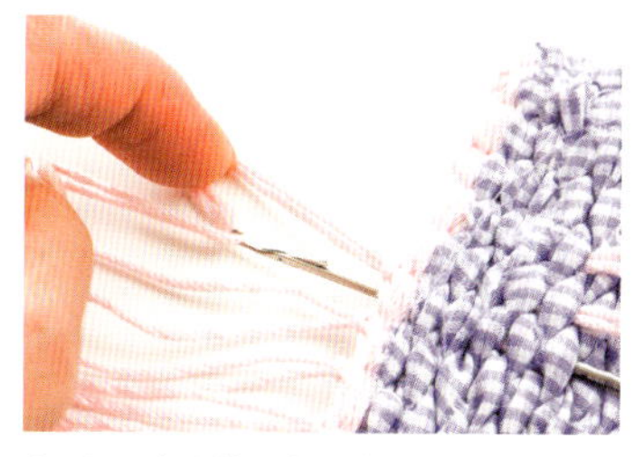

1　たて糸を織り布の中に引き込んでいきます。マット織りの時に有効です。

2　引き抜いたたて糸は切ります。作業はとじ針やループ返しを使うと便利です。

B　織り布の仕上げ

織り上げた布をそのまま使うこともできますが、たいていの場合、
仕上げの作業をした方が織り目も落ち着き効果的です。

蒸気アイロン

あまり押し付けないように丁寧に蒸気アイロンをあてると布目が落ち着きます。

水通し・湯通し

一番一般的な方法です。裂き布の場合は水の中に30分ほど浸しておくことでほこりも取れ、布目も落ち着きます。糊をつけた裂き布を使用した場合は、水ではなく40度程度の湯に浸し、糊を落としましょう。

縮絨(しゅくじゅう)

毛糸には熱い湯に洗剤を加えた中で仕上げをすると縮む、あるいは繊維が絡んで固まるという特性があります。その特性を生かして、毛糸と裂き布のほつれを絡ませたり、使用素材の中の毛糸だけ縮ませることで裂き布の立体感を出したりすることもあります(参考作品105ページ・うね網代織りのひざかけ)。ただしこの縮絨は、裂き織りでは特殊です。毛糸をごく普通にたて糸として使う場合は湯通し仕上げをします。

PART 2

織り方を知って、作る

基本的な織り方を活用して、
「ナチュラル」「エスニック」「和」「モノトーン」の
4つのテイストの作品を紹介します。

〔 平織り 〕

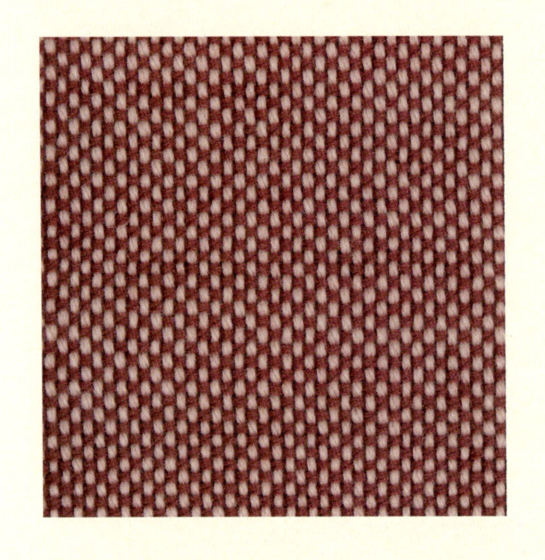

たて糸が一本おきに動き、その間によこ糸を入れて打ち込む。これが平織りの基本です。多くの織り方は平織りの応用です。さっそく織ってみましょう。

1 たて糸の準備をしたら、まずはじめにほつれ止めを織ります。ほつれ止めは織り上げた布を織り機から外す時、よこ糸が緩まないための保護です。

2 オープンリードの織り機の場合はソウコウを傾けることで開口します。

3 1色で織る基本の平織りの場合、左側に赤い矢印が見える方向にソウコウを傾け、左側からよこ糸を巻いたシャトルを入れます。

4 糸端は一番端のたて糸を引っかけて織り返すことで始末します。

5 ソウコウをまっすぐにしてたて糸を閉じます。

6 そのたて糸を閉じた状態で打ち込みます。

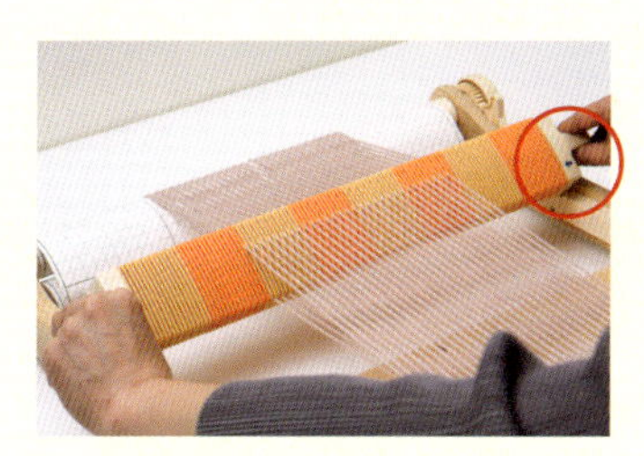

7 青い矢印が見える方向にソウコウを傾けます。

8 よこ糸を入れます。

9 よこ糸の耳がたるまないように揃えます。よこ糸はゆるみ分として、少し斜めにするといいでしょう。

10 たて糸がまっすぐな状態でよこ糸を打ち込みます。

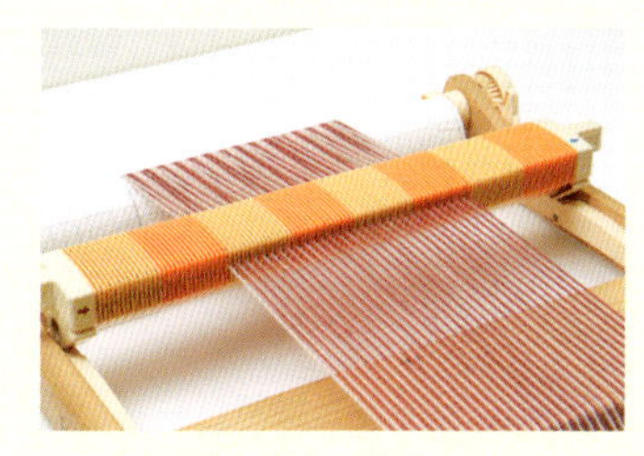

11 たて糸が閉じた状態のまま、元の位置に戻します。

12 逆の開口になるようソウコウを傾けます。

13 ソウコウを傾ける・よこ糸を入れる・ソウコウを閉じて打ち込む・逆方向にソウコウを傾ける・よこ糸を入れる・打ち込むのくり返しです。

14 平織りの織り地ができ上がりました。

平織り×ショルダーバッグ

ETHNIC
エスニック

ラフィアをたっぷり使って大きめの布を織りました。
張りがある分折り曲げができないので、直線仕上げでバッグに仕立てます。

DATA

- 織り上がり…約32cm×80cm
- 使用糸
  たて糸　ヘンプヤーンオレンジ…135m
  よこ糸　ラフィアモスグリーン…50g
  　　　　（裂かずにそのままの幅で使用）
- たて糸総本数…96本
- 整経長…140cm
- 通し幅…32cm
- 筬目…30羽
- よこ糸密度…糸織り部分　5段/cm、
  　　　　　　ラフィア部分　2〜3段/cm
- 持ち手・マチ…綿布オレンジ15cm×2cm

たて糸
よこ糸

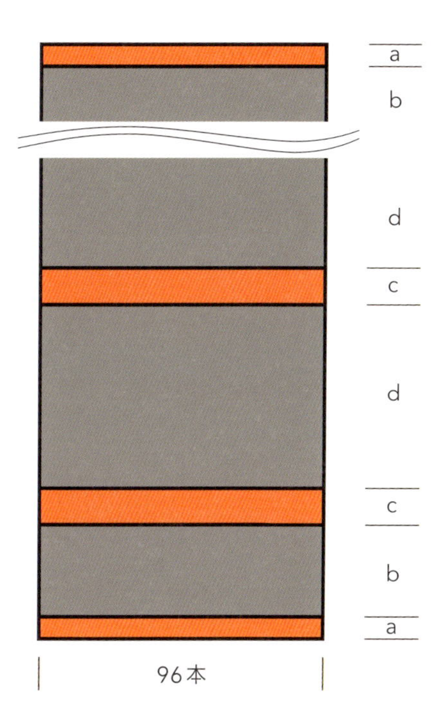

a：糸織り4段7mm
b：ラフィア5cm
c：糸織り8段1.5cm
d：ラフィア10cm
a+b+（c+d）×6+b+a

POINT

1

バッグの仕立ては、布地を折りたたんでベルト状にした後さらに輪にする。それを織り地の中央に置き、かがります。

2

ベルトと織り地が重なった部分がバッグの底です。ベルトはマチにもなるので、底を基準にクリップで合わせていき、飾り部分を残してかがります。

3

両脇四辺をかがり袋状にしたらひっくり返します。でき上がり状態です。

4

底の拡大画像です。四角い底になるようしっかりとかがります。お好みで底板を入れてもいいでしょう。

平織り×メガネケースとペンケース

ETHNIC
エスニック

ラッピングなどに使われるラフィア（ヤシの葉）を裂いてよこ糸にしました。
植物の裂き織り地は独特の張りがあります。
ほかにもトウモロコシの皮やシラカバの樹皮、
レモングラスなどよこ糸にできる植物はいろいろあります。

DATA

・織り上がり… メガネケース 22cm×24cm
　　　　　　　ペンケース 22cm×28cm
・使用糸
　たて糸　茶段染めテープ糸…約120m
　よこ糸　ラフィアこげ茶…計15g・
　　　　　裂き幅5〜7mm
・たて糸総本数…88本
・整経長…140cm
・通し幅…22cm
・筬目…40羽
・よこ糸密度…4〜5段/cm

たて糸
よこ糸

ZOOM

POINT

ラフィアはビニール袋に入れて霧吹きで湿らせて、柔らかくしてから織ります。

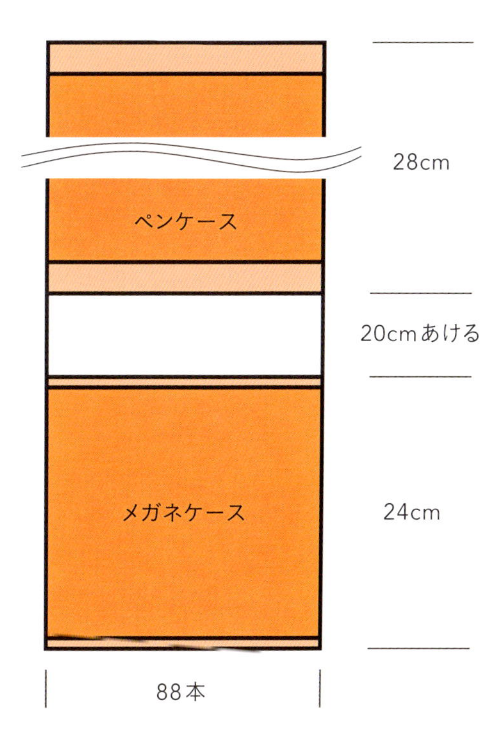

メガネケース：両端糸織り各5段7mm
ペンケース：両端糸織り各20段3cm
ラフィア部分は両方とも22cm

メガネケースを織ったら、紙をはさんで20cmあけてペンケースを織る

平織り×クッション

JAPANESE
和

魚の鰹のように横腹の色がグラデーションに変化する縞をかつお縞と言います。
縞をきれいに見せたいので、よこ糸の裂き布は無地あるいは
細かい縞の布などを選ぶといいでしょう。

DATA

- 織り上がり…約40×100cm
- 使用糸
  たて糸　A：並太毛糸青系濃淡4色…各65m
  　　　　B：並太毛糸紫系濃淡4色…各65m
  よこ糸　AB共通：木綿布縞柄…2.2m×40cm
- たて糸総本数…158本
- 整経長…160cm
- 通し幅…40cm
- 筬目…40羽
- よこ糸密度…約2段/cm

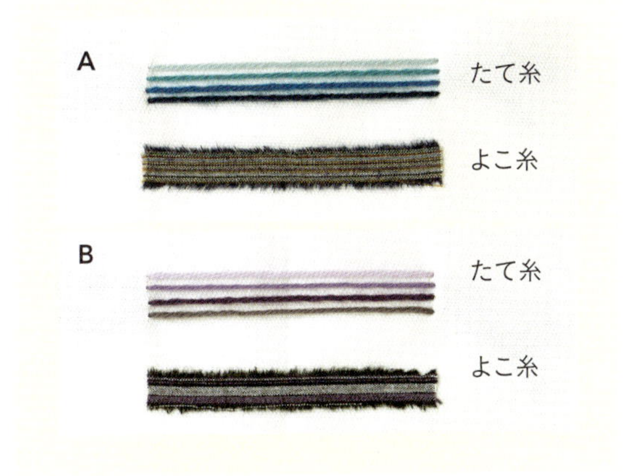

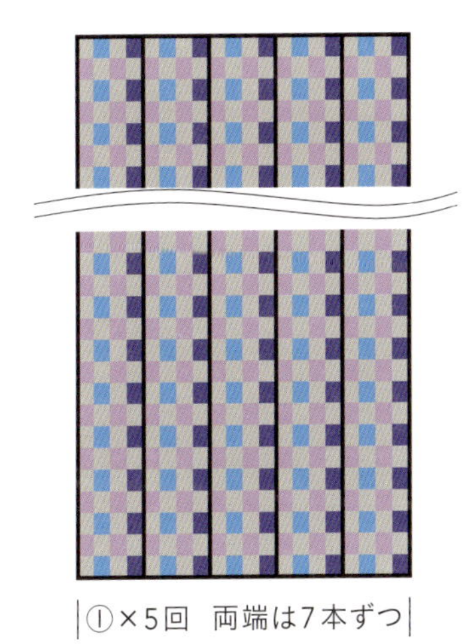

①：A8本＋B8本＋C8本＋D8本

クッションの製図（P.72、P.76、P.90共通）

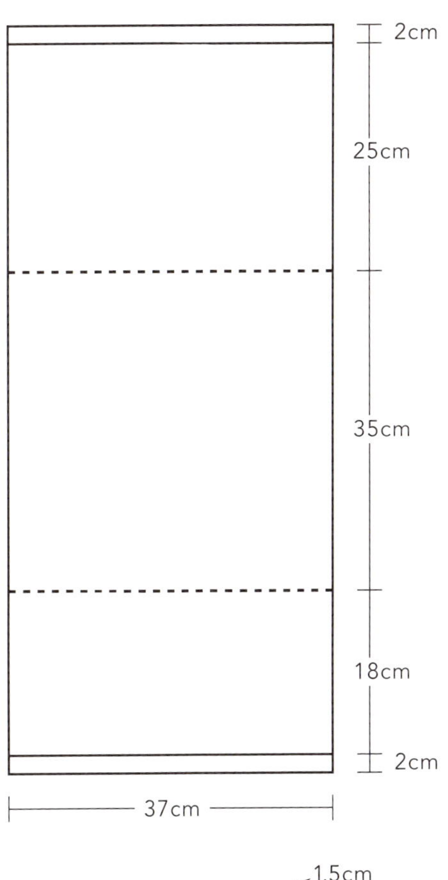

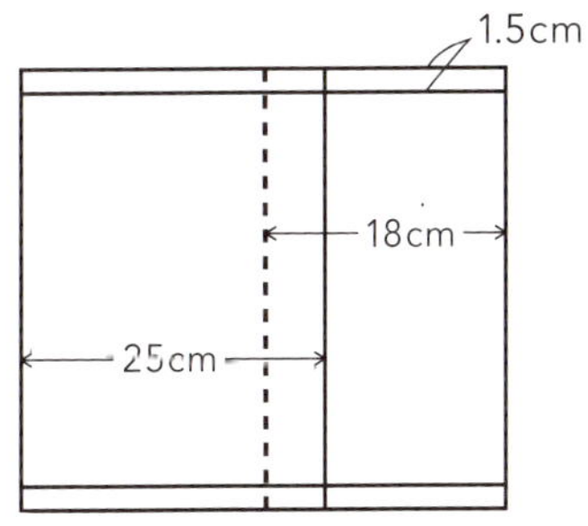

POINT

1　両端の縫い代を折って縫う。

2　中表にまず18cmの方を折り、その上に25cmを重ねて、上と下の1.5cmのところを縫い合わせる。

3　表に返してアイロンがけしてでき上がりです。

平織り×あずまバッグ

JAPANESE
和

気に入った布が見つからない場合は小布を貼り合わせましょう。
端切れも有効活用ができ、
段染め糸のような色の効果を得ることができます。

DATA

- 織り上がり…約40cm×120cm
- 使用糸
  たて糸　綿糸紺…215m
  よこ糸　木綿布紺…5m×15cm・
  裂き幅1cm
  ※木綿布5種類
  各10cm×10cmを4枚ずつ
  裂き幅1cm
- たて糸総本数…119本
- 整経長…180cm
- 通し幅…40cm
- 筬目…30羽
- よこ糸密度…a部分約3段/cm
  b部分約2.5段/cm

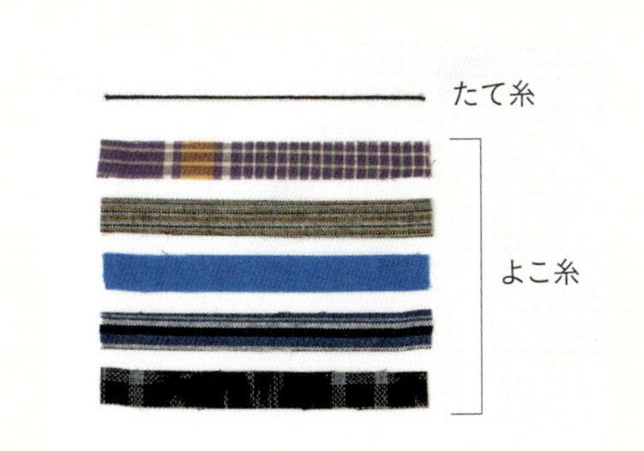

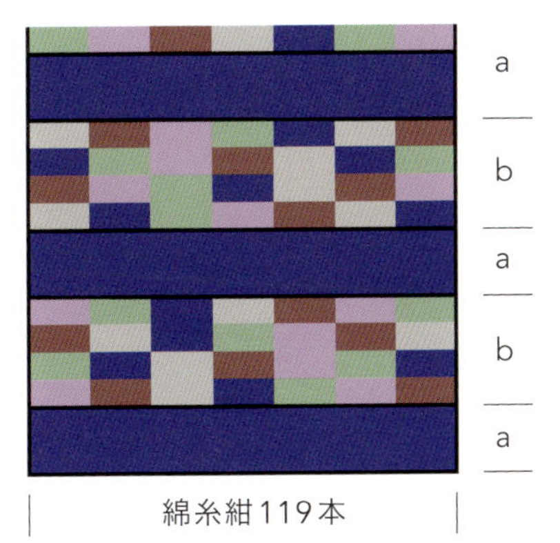

a：紺無地2cm約6段
b：貼り合わせ布5cm約13段
(a＋b)×17＋a

[小布の貼り合わせ]

5種類の布を10cmx10cmにカットして布補修ボンドで貼り合わせる。貼り合わせ後、ロータリーカッターなどで1cm幅で切る

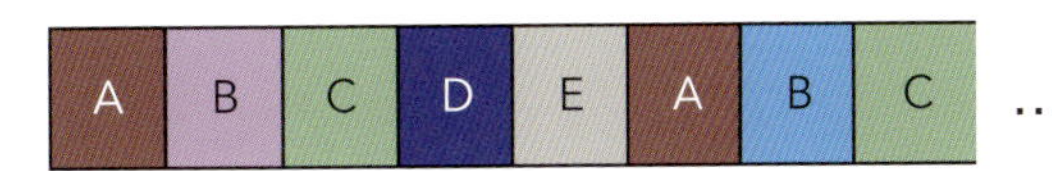

(A+B+C+D+E)×4回

POINT

1 貼り合わせる布は同じ大きさに切りそろえ、布補修ボンドを端に塗ります。

小布はそれぞれ1cm重ねて貼り合わせます。

貼り合わせた状態です。カッターを使って切る方法は39ページ、仕立ては123ページ参照。

浮き織り

浮き織り

開口の浮き織り

平織りの途中で、たて糸を飛ばして柄糸を入れることで模様を出すのが浮き織りです。地糸に比べて柄糸が太いと立体的な効果があります。浮かせ方にはたて糸を閉じた状態と開いた状態と2種類あります。

浮き織り

1 平織りをします。

2 たて糸を閉じた状態でピックアップスティックで4本ずつすくいます。

3 幅全体で4本ずつひろった状態です。

4 ピックアップスティックを立てます。

5 その隙間に浮き糸を入れます。

6 打ち込むと浮いた浮き糸が柄になります。浮き糸の端は後で縫い込むなどの始末をするので10cm残しておきます。

7 たて糸を閉じた状態にして先ほどとは異なる4本をすくっていきます。

8 その隙間に浮き糸を入れる時、地糸を引っかける状態にしましょう。

9 そして浮き糸を通します。

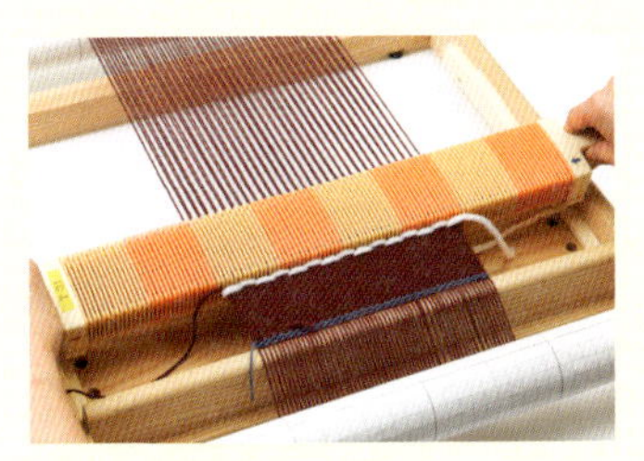

10 打ち込みます。

11 同じ作業を2回したら、浮き糸の色を変えます。

12 4段織ったら、さらに浮き糸の色を変えます。

13 作品ごとのデザイン図に合わせて浮き織りをしたら、地糸で平織りをします。

14 浮き糸の糸端は10〜20cm出しておき、後から始末します。

15 とじ針に糸端を通します。

16 浮き糸の織り目に縫い込み、余分な糸は切ります。

17 表裏で同じ浮き柄ですが、どちらかを表とし、このように始末します。

浮き織り

開口の浮き織り

1

平織りを織ります。最後の平織りと同じ開口にもう一度します。

2 その平織りが開口している状態で上糸をピックアップスティックで2本ずつひろいます。

3 上糸を2本ずつひろった状態です。

4 ピックアップスティックを立てます。

5 その隙間に浮き糸を入れます。

6 打ち込みます。上糸だけ浮き織りをしているので大きな柄になります。

7 大きく浮いているので開口を変えて地糸で平織りを一段織ります。

8 開口を変えます。

9 ピックアップスティックで上糸を2本おきにすくいます。

10 ピックアップスティックを立て、その隙間に浮き糸を入れます。これを繰り返します。

浮き織り × ランチョンマットとカトラリーケース

NATURAL
ナチュラル

食卓に似合う淡色のアースカラーに
浮き織りを組み合わせてテーブルウエアを織りました。
カトラリーケースは長方形の織り布を切らずに仕立てているので
いろんなサイズを作ってみると楽しいかも！

DATA

ランチョンマット

（浮き織り）

・織り上がり…30cm×40cm　2枚
・使用糸
　たて糸　ヘンプ糸白…約200m
　よこ糸　木綿布白…50cm×1.5m
　　　　　木綿布ベージュ…20cm×65cm
　　　　　木綿布黄緑…20cm×65cm
　　　　　※布の裂き幅は1〜1.5cm
・たて糸総本数…120本
・整経長…160cm　・通し幅…30cm　・筬目…40羽
・よこ糸密度…平織り部約2.5段/cm、浮き織り部15段/2.5cm

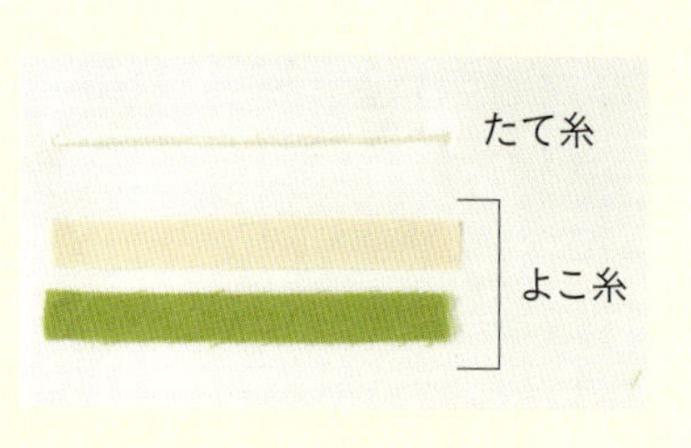

DATA

カトラリーケース小（開口の浮き織り）

・織り上がり…30cm×19cm
・使用糸
　たて糸　ヘンプ糸黄…約100m
　よこ糸　木綿布茶…25cm×1m
　　　　　木綿布ベージュ…10cm×1m
　　　　　木綿布白…10cm×1m
　　　　　※布の裂き幅は1〜1.5cm
・たて糸総本数…132本
・整経長…80cm
・通し幅…33cm
・筬目…40羽
・よこ糸密度…平織り部約2.5段/cm、浮き織り部15段/2.5cm

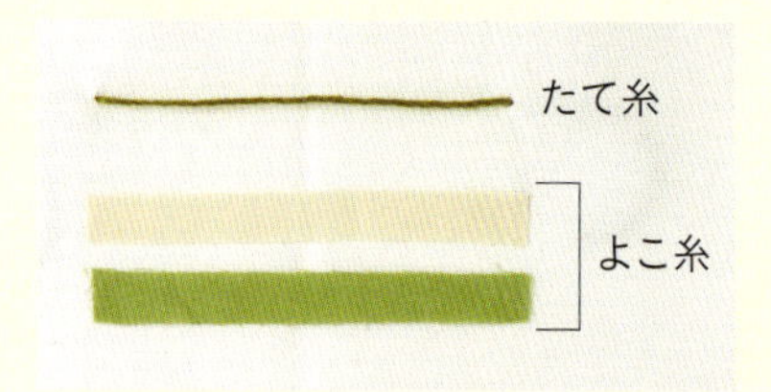

DATA

カトラリーケース大（開口の浮き織り）

・織り上がり…39cm×27cm
・使用糸
　たて糸　ヘンプ糸緑…約140m
　よこ糸　木綿布緑…25cm×1.5m
　　　　　木綿布白…10cm×1m
　　　　　木綿布緑…10cm×1m
　　　　　※布の裂き幅は1〜1.5cm
・たて糸総本数…156本
・整経長…90cm
・通し幅…39cm
・筬目…40羽
・よこ糸密度…平織り部約2.5段/cm、浮き織り部15段/2.5cm

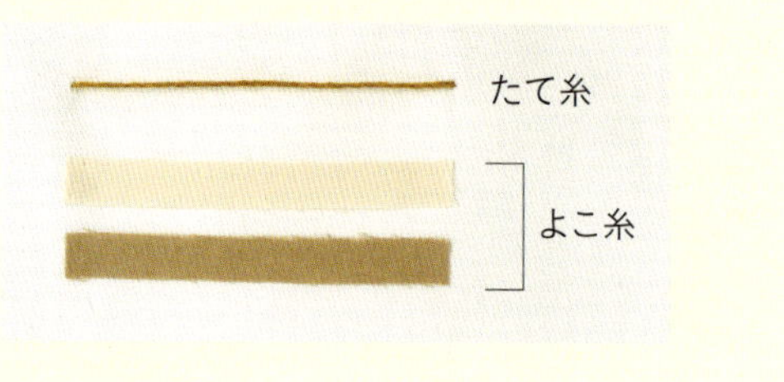

ランチョンマット

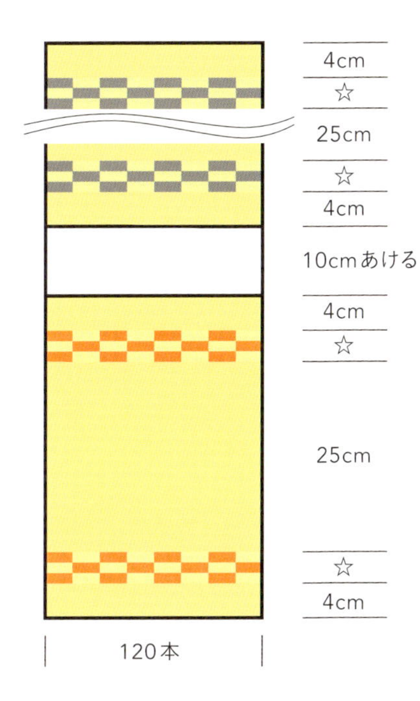

織り始めと織り終わりは糸織り5段1cm
房始末はヘムステッチ
☆:たて糸6本ずつの浮き織り
((白+ベージュ)×2+白)×3=15段2.5cm

カトラリーケース小

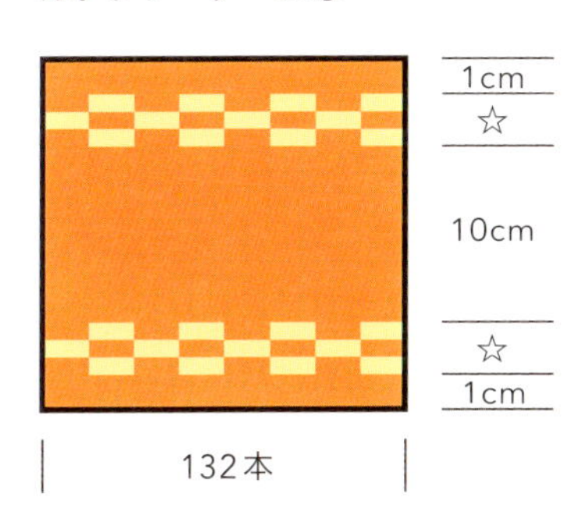

織り始めと織り終わりは糸織り5段1cm
房始末はヘムステッチ
☆:たて糸6本ずつの浮き織り
((白+ベージュ)×2+白)×3=15段2.5cm

カトラリーケース大

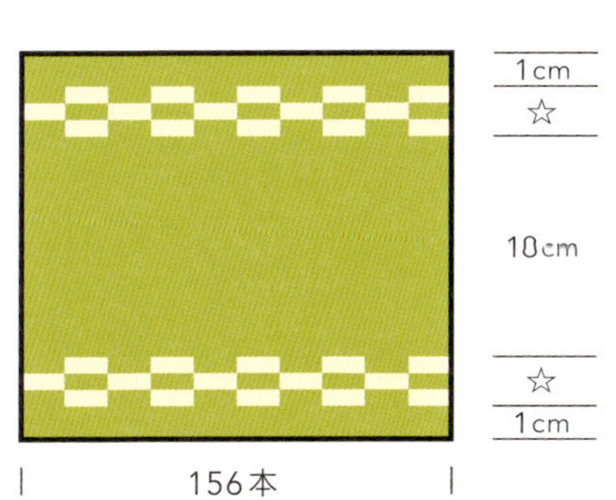

織り始めと織り終わりは糸織り5段1cm
房始末はヘムステッチ
☆:たて糸6本ずつの浮き織り
((白+緑)×2+白)×3=15段2.5cm

POINT (カトラリーケース)

1

横長の小物入れをつくるために織り布も横長を用意します。房部分は短く切って、3つ折りにしてかがります。

2

かがった部分の片側の端を合わせます。

3

次に手前の三角部分を内側に折り返してたたみます。

4

ボタンを縫い付けたらでき上がり。

浮き織り × バスケット

NATURAL
ナチュラル

ジーンズを仕立てる時に切り落とす房耳をよこ糸にしたタオルフォルダー
開口の浮き織りで厚みのある織り地にし、
底板で立てているのでマガジンラックにしてもいいかも！

DATA

バスケット小（開口の浮き織り）

・織り上がり…約25cm×55cm
・使用糸
たて糸　中細綿糸ピンク…95m
よこ糸　ジーンズ紐…約20m
中細綿糸ピンク…約45m
・たて糸総本数…78本
（76本で両端2本取）
・整経長…120cm
・通し幅…25cm
・筬目…30羽
・よこ糸密度…約5段/cm
・底板…楕円底板
10cmx20cm42穴タイプ

DATA

バスケット大（開口の浮き織り）

・織り上がり…約36cm×83cm
・使用糸
たて糸　中細綿糸白…155m
よこ糸　ジーンズ紐…約30m
中細綿糸白…約75m
・たて糸総本数…110本
（108本で両端2本取）
・整経長…140cm
・通し幅…36cm
・筬目…30羽
・よこ糸密度…約5段/cm
・底板…楕円底板
15cmx30cm70穴タイプ

たて糸
よこ糸

バスケット小

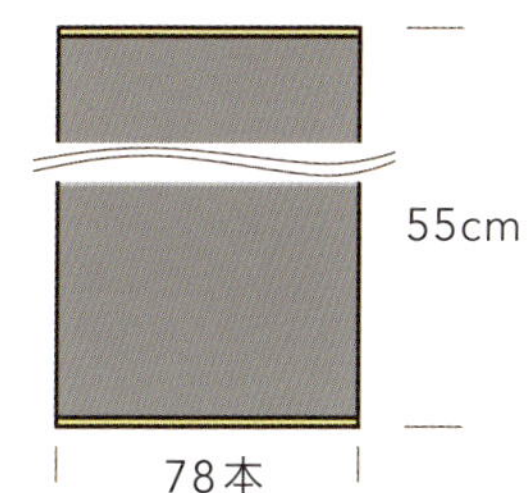

織り始めと織り終わりは
たて糸で1cm（約10段）織る

バスケット大

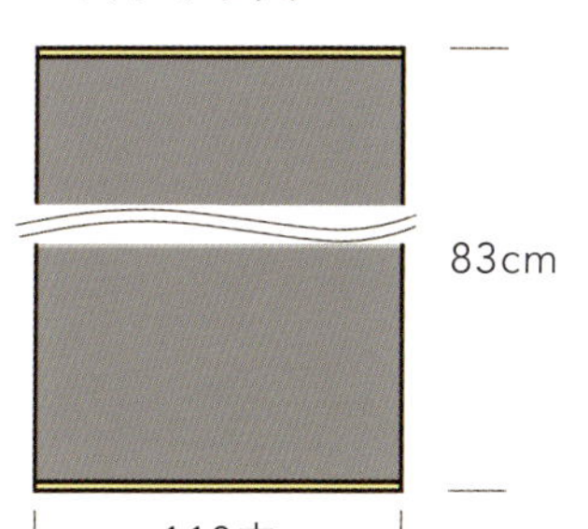

織り始めと織り終わりは
たて糸で1cm（約10段）織る

POINT

1 織った布は筒状にかがってから底板に縫いつければ完成です。

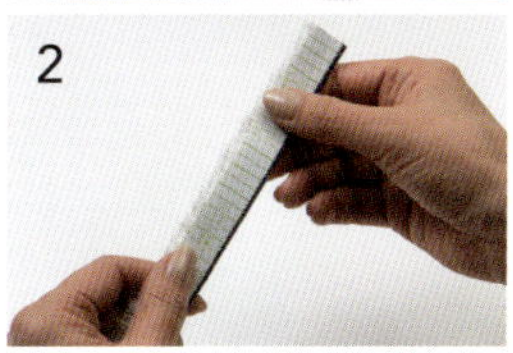

2 余った房耳で飾りのタッセルを作ります。50cmの房耳に両面テープを貼ります。

3 通し紐の端を結び、両面テープに貼りつけます。

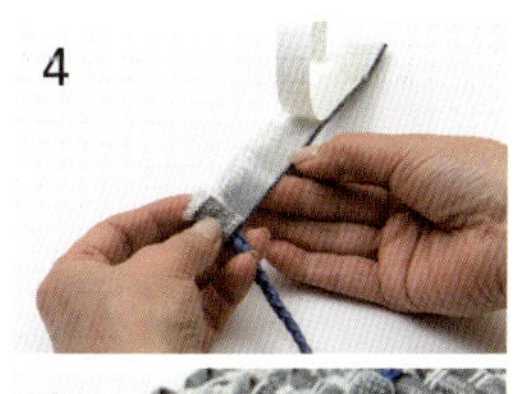

4 平衡を保つようにくるくると巻きつけてタッセル状にします。

5 片側をタッセルにしたところで、織り目の間に通し紐を通し、長さを確認してからもう片側にタッセルをつけます。

浮き織り×あずまバッグ

ETHNIC
エスニック

長く織った布を斜めに折りたたんで仕立てるあずまバッグ。
仕立てる時に柄のラインがそろった方がきれいなので、
浮き織りでアクセントを入れる時は
等間隔で柄が入るように注意するのがポイントです。

DATA

- 織り上がり…約40cm×120cm
- 使用糸
  たて糸　チューブヤーン緑…270m
  よこ糸　A：木綿布茶5m×10cm・裂き幅1cm
  　　　　B：木綿布黄色5m×3cm・裂き幅1cm
  　　　　C：木綿布オレンジ5m×5cm・裂き幅1cm
  　　　　D：木綿布緑5m×30cm・裂き幅1cm
- たて糸総本数…159本
- 整経長…170cm
- 通し幅…40cm
- 筬目…40羽
- よこ糸密度…平織部 3段/cm、
  浮き織り部分 12段/1.5cm

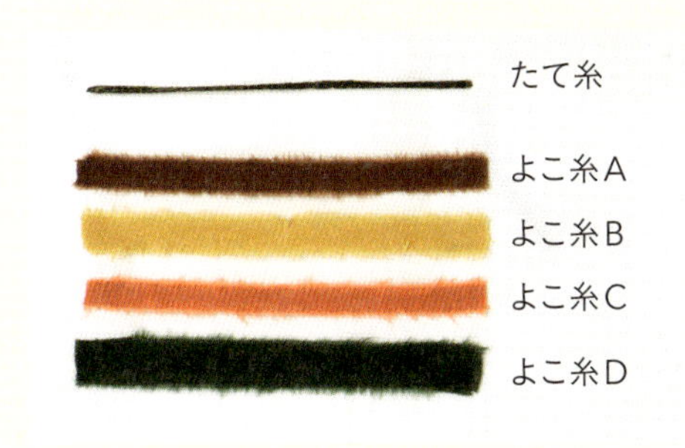

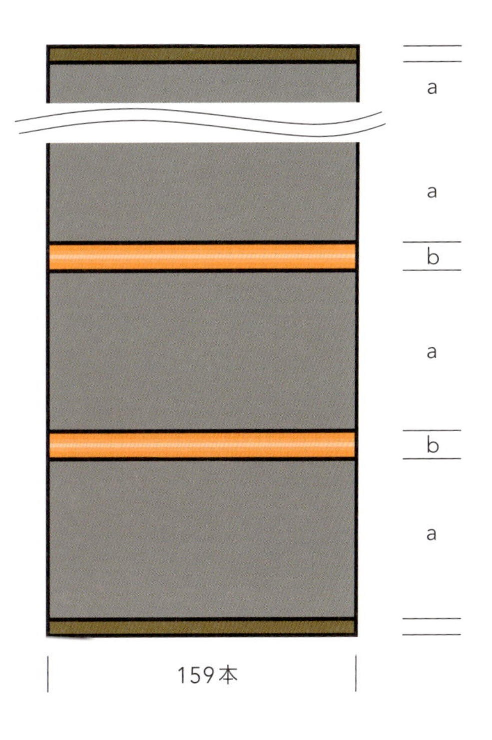

織り始めと織り終わりはたて糸と同じ糸で2cm織る
a：木綿布緑　8.5cm
b：浮き織り　1.5cm
木綿布茶4段＋オレンジ2段＋黄色２段＋オレンジ2段＋茶4段

あずまバックの仕立ては123ページ参照

［ ひろって柄を出す ］

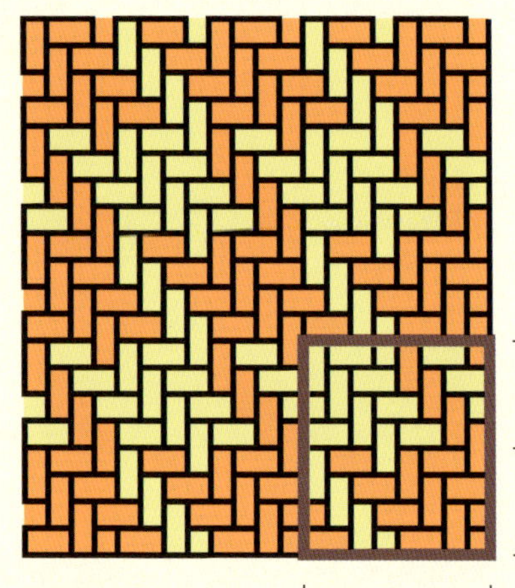

本来は平織り専用の卓上織り機では織れないとされている模様織りもたて糸をひろえば織ることができます。ひろって柄を出している作品には織り図がついているので、それを基にピックアップスティックでひろうといいでしょう。

たて糸：A4本+B4本のくり返し
よこ糸：A4段+B4段のくり返し

織り図の中の太枠の囲みは完全意匠図と呼び、その模様の最低単位です。ひろい方はこの太枠の囲みの繰り返しです。

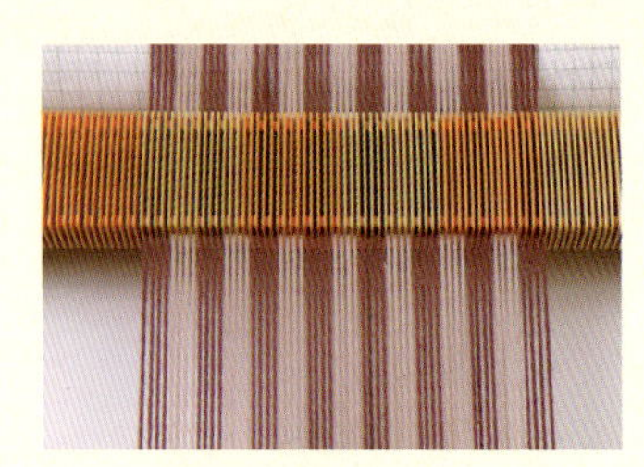

1 綾千鳥柄を織りましょう。たて糸は2色の糸で4本ずつの縞にかけます。

2 綾千鳥のひろい方は4種類です。たて糸を閉じた状態で1段目は4本のたて縞の右側の2本を拾います。

3 ピックアップスティックを立ててその隙間によこ糸を入れます。

4　打ち込みます。

5　２段目は４本のたて縞の真ん中の２本をひろいます。

6　ピックアップスティックを立ててその隙間によこ糸を入れて打ち込みます。

7　３段目は４本のたて縞の左側２本をひろいます。

8　ピックアップスティックを立ててよこ糸を入れ打ち込みます。

9　４段目は４本のたて縞の両側の２本をひろいます。

10　ピックアップスティックを立て、その隙間によこ糸を入れて打ち込みます。

11　４段１模様ができました。よこ糸の色を変えて、同じようにひろって４段を織るを繰り返します。

ひろって柄を出す×クッション

NATURAL
ナチュラル

たて糸は毛糸、よこ糸はボアシーツをはさみで切ってクッション地を織りました。
たて糸をひろって柄を出すオーバーショットですが、
シンプルデザインなので楽々と織りあがります。

DATA

- 織り上がり…約40cm×100cm
- 使用糸
  たて糸　並太毛糸ベージュ
  …190m
  よこ糸　ボア素材オフホワイト
  …1.5m×45cm
- たて糸総本数…118本
- 整経長…160cm
- 通し幅…40cm
- 筬目…30羽
- よこ糸密度…約2段/cm

たて糸

よこ糸

ZOOM

POINT

ボア素材は、はさみあるいはカッターで切ります。布が伸びる方向に丸みがでるように引っ張ってから、よこ糸として織り込みましょう。

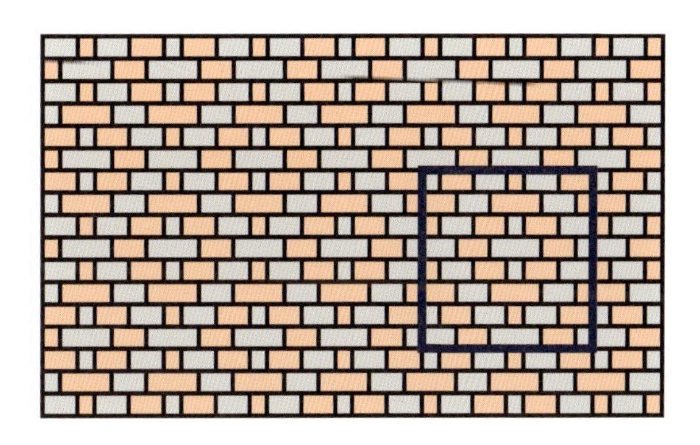

ひろって柄を出す×トートバッグ

NATURAL
ナチュラル

お菓子のワッフルを思わせる立体感のある織り地はワッフル織りとも呼ばれます。
本来は多ソウコウ織り機で織る技法ですが、簡単なのでひろって織ってみました。

DATA

- 織り上がり…約40cm×80cm
- 使用糸
  たて糸　並太毛糸ベージュ
  …170m
  よこ糸　木綿布ベージュ
  …5mx25cm・裂き幅1〜1.5cm
- たて糸総本数…118本
- 整経長…140cm
- 通し幅…40cm
- 筬目…30羽
- よこ糸密度…約3段/cm

POINT

1 織り布を中表に半分に折り、両端にミシンをかけます。

2 縫い代を割り底中心と横の縫い目線をしっかり合わせ三角を作り7cmのところを縫います。

3 裏地も同様にして（片側は返し口を開けておく）、本体と中表に重ね口側を一周縫う。表に返して押さえミシンで縫います。

4 持ち手の位置に印をつけ、留め金で留めます。

5 裏地の返し口をかがります。角を折りこんで丸みをつけ、裏布をつけて仕立てます。

ZOOM

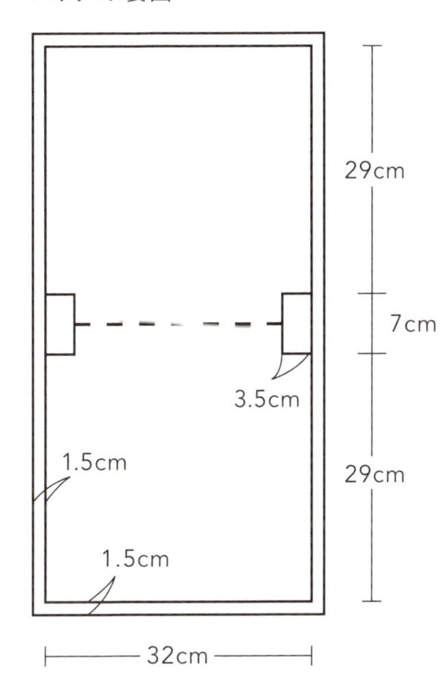

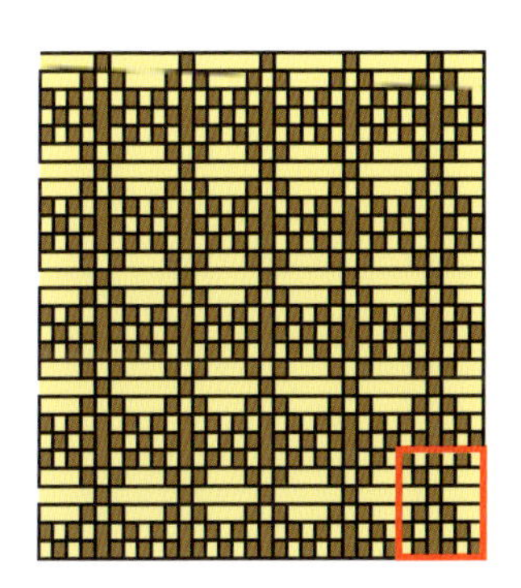

ひろって柄を出す × クッション

MONOTONE
モノトーン

太めの毛糸をたて糸にして、
同じくらいの裂き幅の布をよこ糸に織りこめばくっきりとした柄ができます。
たて糸をひろうことでクレープ織りの柄を出しますが、
パターンが決まっているのでサクサクと織り進みます。

DATA

- 織り上がり…約40×100cm
- 使用糸
  たて糸　並太綿糸白…95m
  　　　　並太綿糸黒…95m
  よこ糸　木綿布白…13cm×5m・
  　　　　裂き幅約1cm
  　　　　木綿布黒…13cm×5m・
  　　　　裂き幅約1cm
- たて糸総本数…118本
- 整経長…160cm
- 通し幅…40cm
- 筬目…30羽
- よこ糸密度…約3段/cm

たて糸

よこ糸

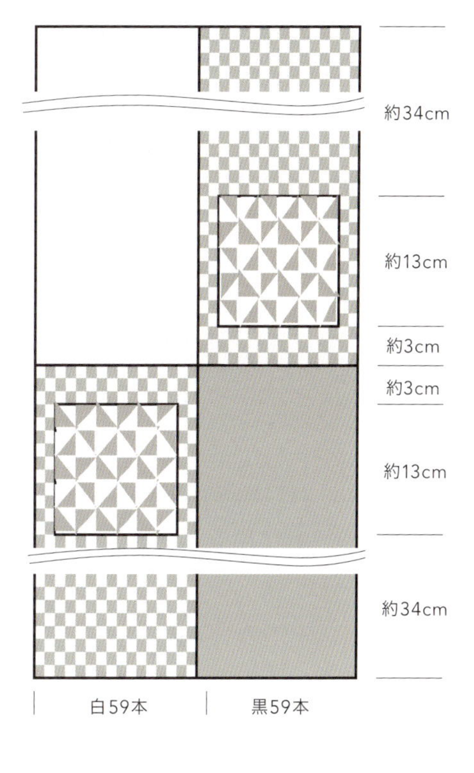

端から12本目から柄を織る
柄と柄の間は24本

ZOOM

ひろって柄を出す×スクエアバッグ

MONOTONE
モノトーン

一枚は無地。もう一枚は好みの柄を入れて２枚の長方形の布を織り、
十字に重ねてかがったスクエアバッグ。
仕立てのポイントはハトメ、便利金具はいろいろ有効です。

DATA

＊①〜③共通・黒無地

- 織り上がり…15cm×60cm
  （両端7.5cmずつ折り返して15×45cmの生地にする）
- 使用糸
  たて糸　ウール並太黒…65m
  よこ糸　木綿布黒…約50cm×80cm・裂き幅1cm
- たて糸総本数…52本
- 整経長…120cm
- 通し幅…17cm
- 筬目…30羽
- よこ糸密度…3段/cm

DATA

② 綾千鳥柄

- 織り上がり…15cm×60cm
  （両端7.5cmずつ折り返して15×45cmの生地にする）
- 使用糸
  たて糸　ウール並太黒…35m
  　　　　ウール並太白…30m
  よこ糸　木綿布黒…約50cm×40cm・裂き幅1cm
  　　　　木綿布白…約50cm×40cm・裂き幅1cm
- たて糸総本数…52本
- 整経長…120cm
- 通し幅…17cm
- 筬目…30羽
- よこ糸密度…3段/cm

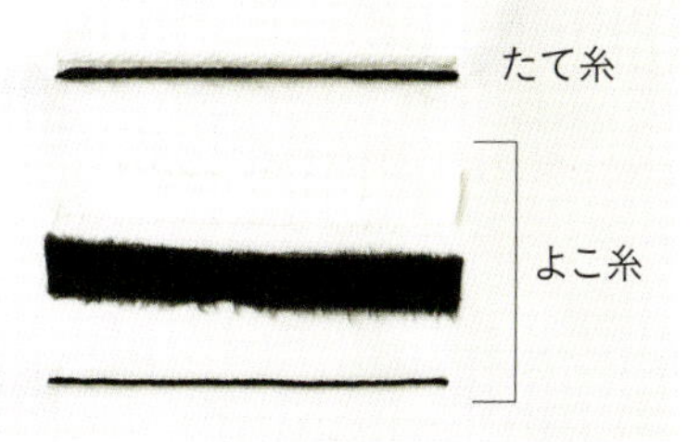

DATA

① ヤムトランド織りの幾何学模様

- 織り上がり…15cm×60cm
  （両端7.5cmずつ折り返して15×45cmの生地にする）
- 使用糸
  たて糸　ウール並太黒…35m
  　　　　ウール並太白…30m
  よこ糸　木綿布黒…約50cm×40cm・裂き幅1cm
  　　　　木綿布白…約50cm×40cm・裂き幅1cm
- たて糸総本数…52本
- 整経長…120cm
- 通し幅…17cm
- 筬目…30羽
- よこ糸密度…3段/cm

DATA

③ 風車柄

- 織り上がり…15cm×60cm
  （両端7.5cmずつ折り返して15×45cmの生地にする）
- 使用糸
  たて糸　ウール並太黒…35m
  　　　　ウール並太白…35m
  よこ糸　木綿布黒…約50cm×40cm・裂き幅1cm
  　　　　木綿布白…約50cm×40cm・裂き幅1cm
- たて糸総本数…52本
- 整経長…120cm
- 通し幅…17cm
- 筬目…30羽
- よこ糸密度…3段/cm

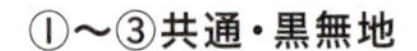

①〜③共通・黒無地

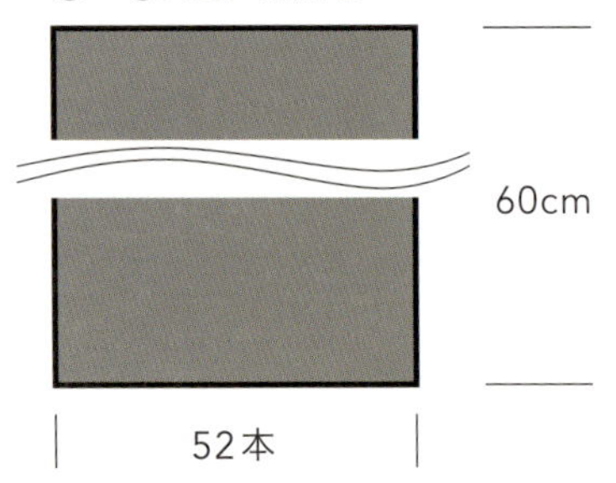

②

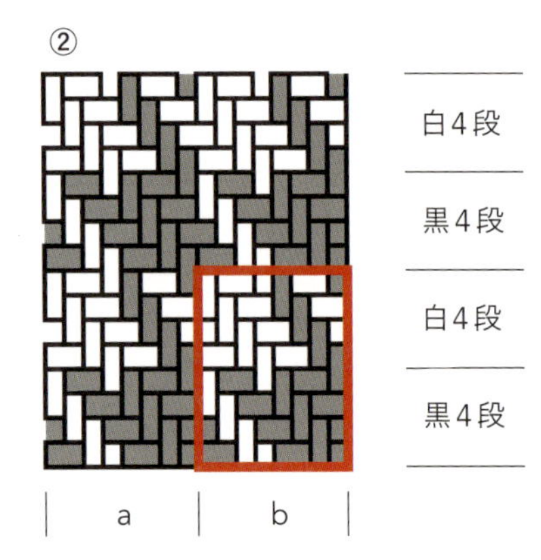

a:黒4本+白4本
ax6+黒4本
よこ糸も黒4段+白4段のくり返し
この完全意匠図は4ブロックです

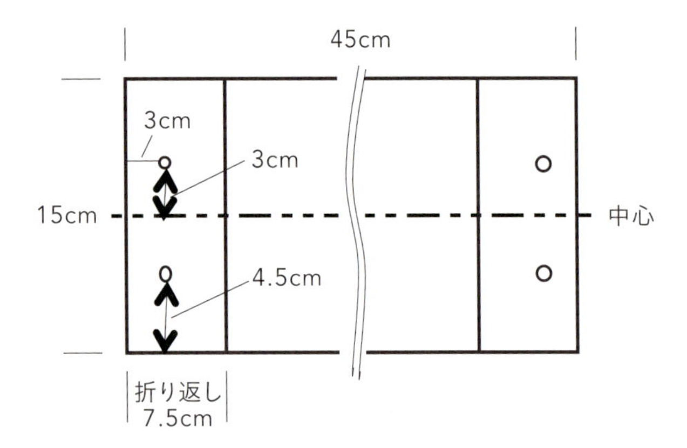

ハトメの位置は、布端からハトメの中心までの数字です

①

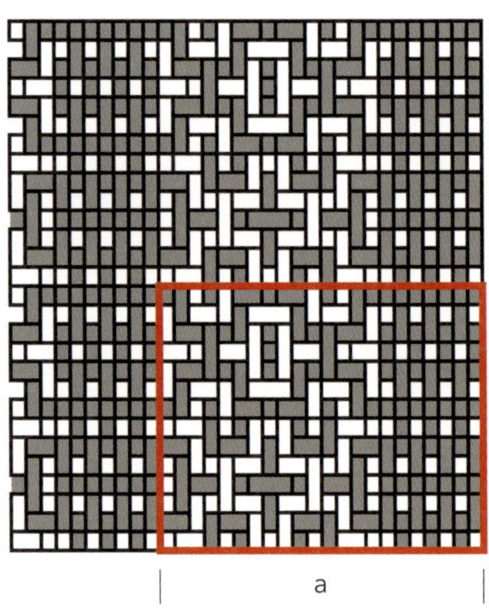

a:黒7本+(白1本+黒1本)×7+白1本
白1本+a×2+黒1本
よこ糸は白1段+黒1段のくり返し

③

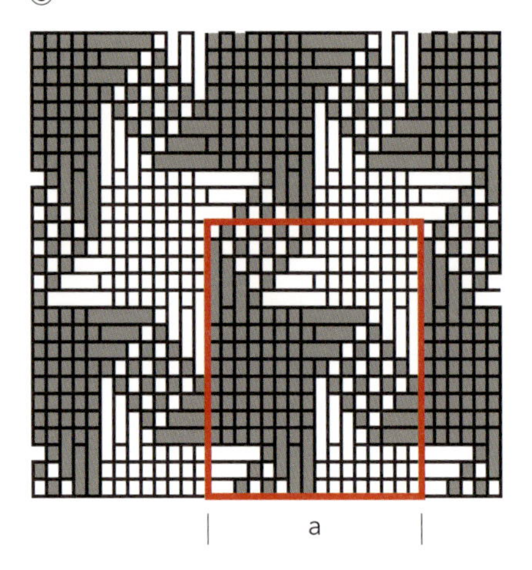

a:白8本+黒8本
黒2本+ax3+白2本
よこ糸は織り始め白3段、
その後は黒8段+白8段のくり返し

POINT

でき上がりで15cm×60cmの布を2枚用意します。

両側7.5cm織り返し、それぞれ図の位置にハトメをとめて接着布を貼ります。15cm四方に切った底板を用意し、黒い布の中心に置きます。

2枚の手織り布を重ねます。

クリップで押さえ、重ね目をかがります。

織り布を立て、クリップで縫い合わせる位置を決めます。

かがり糸の糸端は織り地の中に縫い込んで始末します。30cmの共糸ベルトは内側にかがって取り付けます。

うね織り

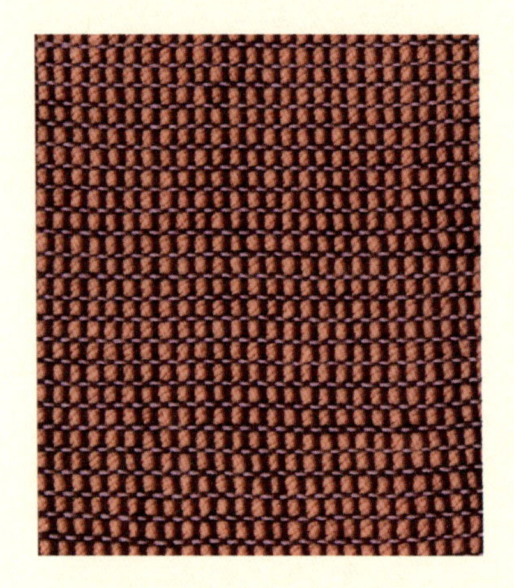

よこ糸に太い糸と細い糸と太さに差のあるよこ糸を２種類使うのがうね織り。畑のうねのように見えるからついた名前で、平織りより立体感のある織り地になります。たて糸のかけ方によって無地にも格子にもなります。

1　2種類のよこ糸を交互に使う時は、たて糸が外れないようによこ糸の絡め方に注意します。

2　片側に2本のシャトルがある時は、2種類のよこ糸が絡むようによこ糸を入れます

3　細い糸が太い糸をまたぐような状態でよこ糸を入れました。

4　片側にシャトルがひとつの時はそのままよこ糸として入れます。

5　片側にシャトルが2本ある時だけ、よこ糸の絡みに注意します。

うね織り×ショール

NATURAL
ナチュラル

白い胴裏（着物の裏に使う薄い絹）を裂いて、
ショールのよこ糸にしました。
細い麻糸と組み合わせてのうね織りは
裂いた胴裏は打ち込まず挟むように織りこんでいくのが
軽く仕上げるポイントです。

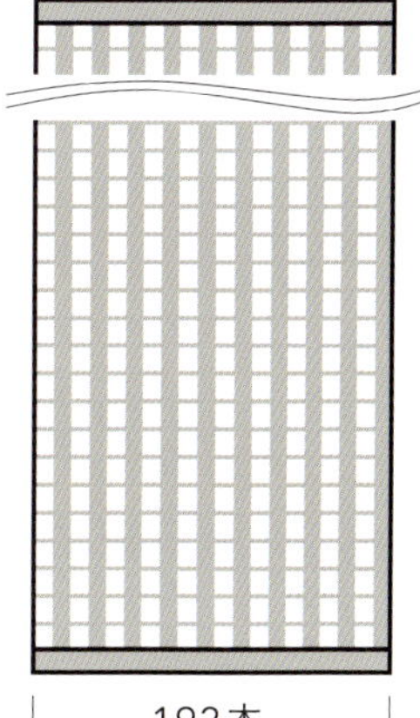

織り始めと織り終わりは
たて糸で6段（1cm）織る
よこ糸は羽二重1段＋糸1段のくり返し

ZOOM

DATA

- 織り上がり…約38cm×185cm
- 使用糸
  たて糸　緑系段染め糸…465m
  よこ糸　羽二重…38cm×2m・
  裂き幅1〜1.5cm
  緑系段染め糸…70m
- たて糸総本数…192本
- 整経長…240cm
- 通し幅…38cm
- 筬目…50羽
- よこ糸密度…約3段/2cm

たて糸

よこ糸

うね織り×あずまバッグ

NATURAL
ナチュラル

ペールトーンの布の組み合わせで、大きな格子のうね織りバッグ。
濃色・中間色・淡色。色の傾向ではなく、
色の濃さを揃えると色合わせのバランスは取れます。

DATA

- 織り上がり…約40cm×120cm
- 使用糸

たて糸　綿糸白…65m
　　　　綿糸緑…75m
　　　　綿糸茶…75m

よこ糸　木綿布白…5m×13cm・
　　　　裂き幅1〜1.5cm
　　　　木綿布緑・茶…各5m×10cm・
　　　　裂き幅1〜1.5cm
　　　　綿糸緑・茶…各約24m
　　　　綿糸白…約50m

- たて糸総本数…119本
- 整経長…180cm
- 通し幅…40cm
- 筬目…30羽
- よこ糸密度…約4段/cm

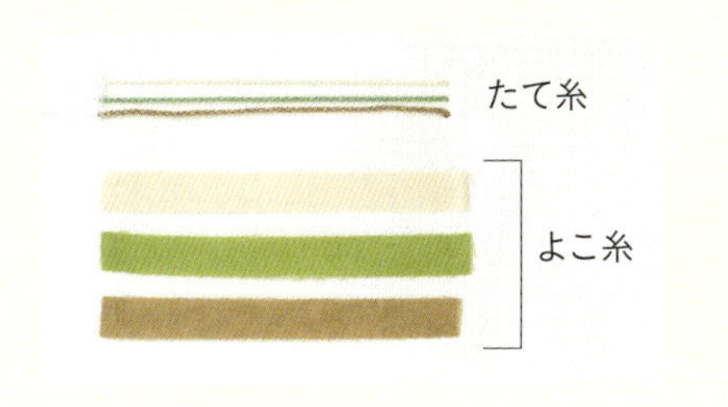

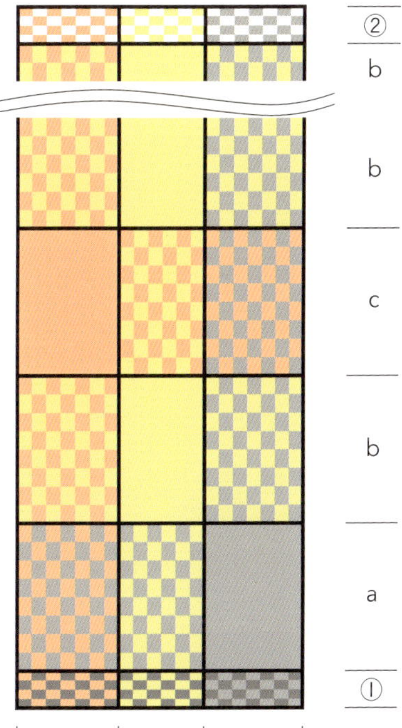

① 綿糸緑14段約1.5cm
② 綿糸白14段約1.5cm
a：(木綿布緑1段＋綿糸緑1段)×28・15cm
b：(木綿布白1段＋綿糸白1段)×28・15cm
c：(木綿布茶1段＋綿糸茶1段)×28・15cm
①＋a＋b＋c＋b＋a＋b＋c＋b＋②

あずまバッグの仕立ては123ページ参照

うね織り×あずまバッグ

MONOTONE
モノトーン

5cm幅に裂いた木綿の布と極細毛糸を交互に織るうね織りで、
メリハリの利いたデザインにしました。
たて糸はアクリル混の毛糸なのでしっかりしたバッグ地になります。

DATA

- 織り上がり…約40×120cm
- 使用糸
  たて糸　並太毛糸白…110m
  　　　　並太毛糸黒…100m
  よこ糸　極細毛糸白・黒…各80m
  　　　　木綿布白・黒…各130g・
  　　　　裂き幅1～1.5cm
- たて糸総本数…118本
- 整経長…170cm
- 通し幅…40cm
- 筬目…30羽
- よこ糸密度…約6段/cm

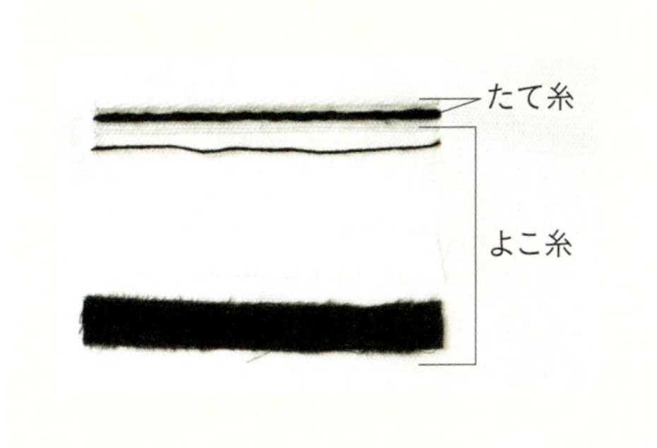

ZOOM

POINT

よこ糸はゆるみをたっぷりとり、たて糸が見えないように打ちこむと色の違いがはっきりでます。

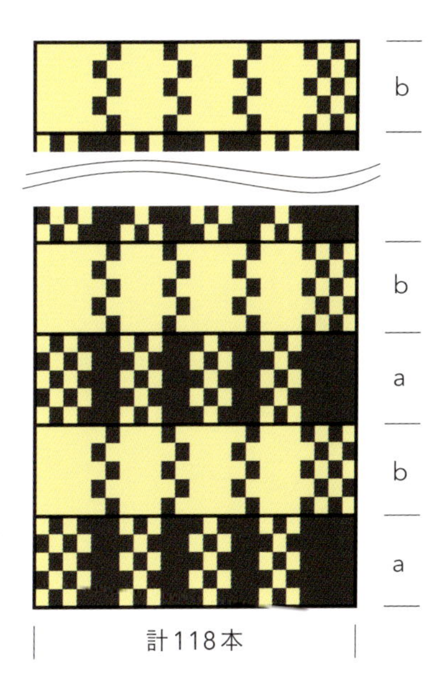

黒17本＋(白15本＋黒13本)×3+白17本
a：木綿布黒1段＋極細毛糸黒1段のくり返し15cm
b：木綿布白1段＋極細毛糸白1段のくり返し15cm
(a＋b)×4

あずまバッグの仕立ては123ページ参照

よろけ縞織り

本来のたて縞は垂直ですが、織り途中でたて糸を移動させることでよろけたような曲線をつくるのがよろけ縞、オープンリードならではの織り方です。ここではたて糸を２本ずつ動かすよろけ縞を説明します。

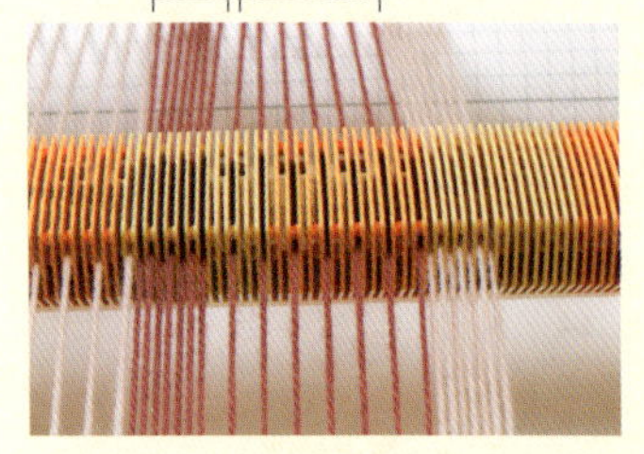

1　はじめの縞の状態。ピンク14本のたて糸のうち、左の7本は普通に、右の7本は2筋ずつ空けてあります。7段階で縞を移動させます。

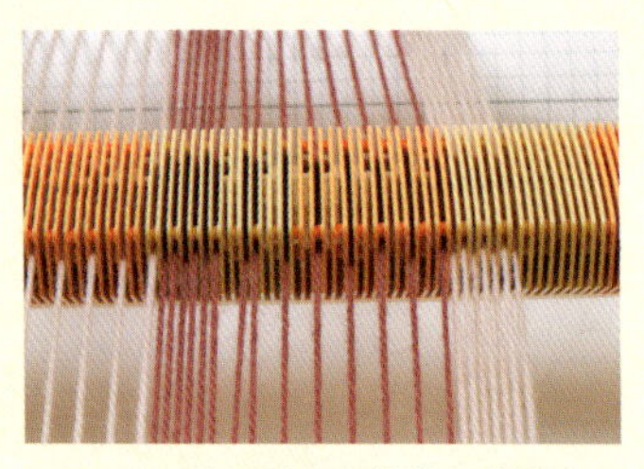

2　たて糸は閉じた状態で移動させます。一段階目は左から7番の糸を8番の糸の隣に移動させ、平織りを2段織ります。

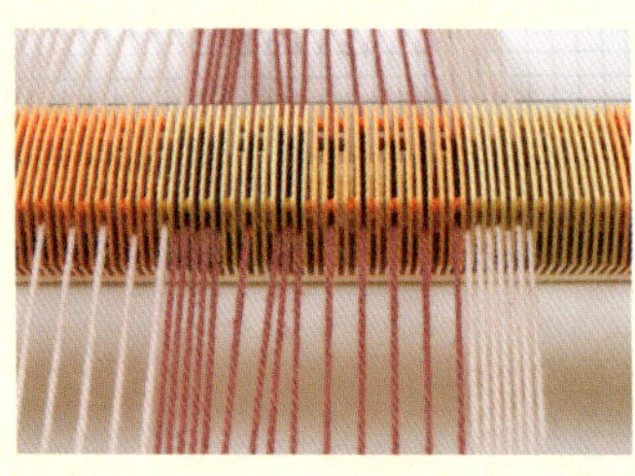

3　2段階目。6、7、8番のたて糸を移動させてから平織りを2段織ります。

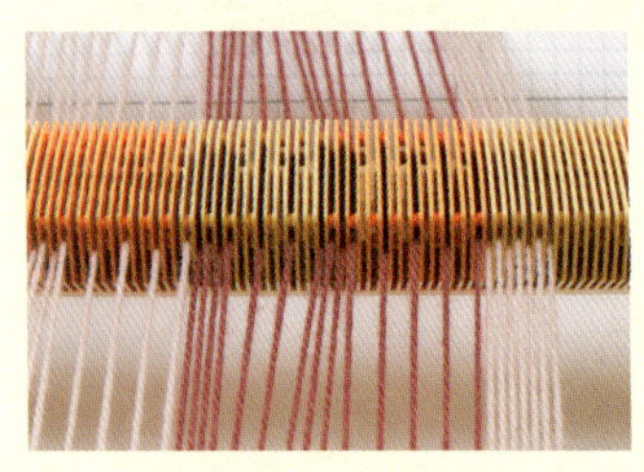

4　3段階目。5、6、7、8、9番のたて糸を移動させ、平織りを2段織ります。

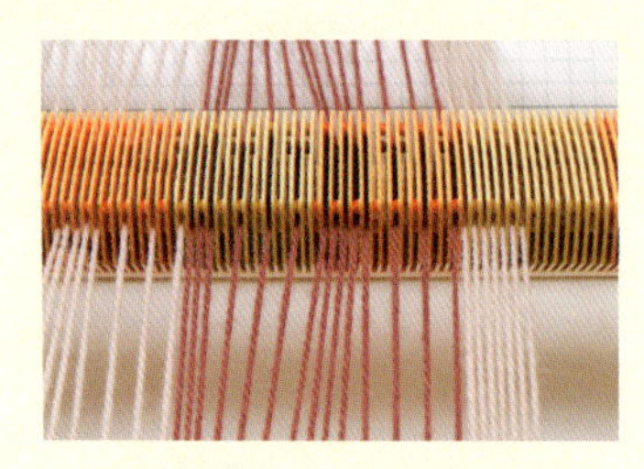

5　4段階目。4、5、6、7、8、9、10番の糸を移動させ平織りを2段織ります。

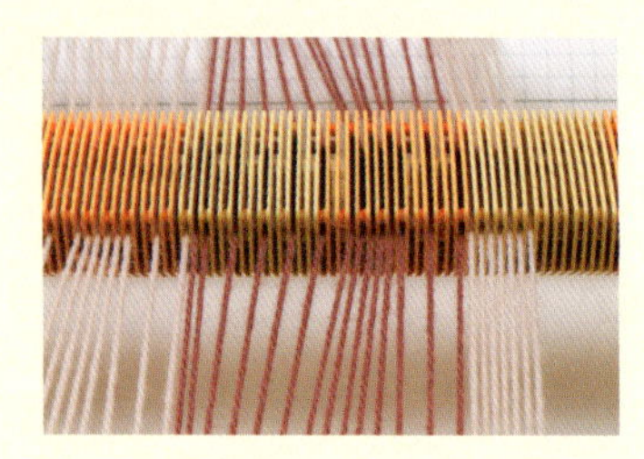

6　5段階目。3、4、5、6.7、8、9、10、11番の糸を移動させ、平織りを2段織ります。

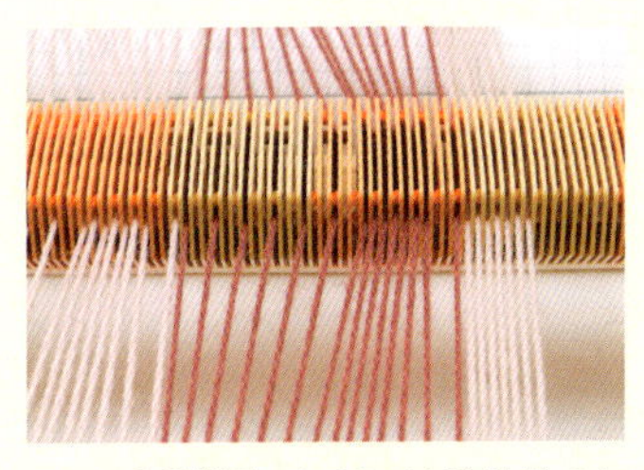

7 6段階目。1、13、14番以外のたて糸を移動させ、平織りを2段織ります。

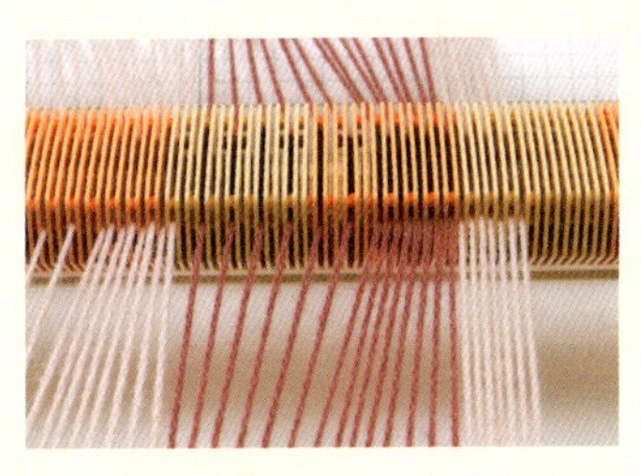

8 最終段階です。14番以外のたて糸を移動させます。

9 7段階の移動が完了した状態です。この後平織りを5段織ります。すべての縞で同時に作業します。

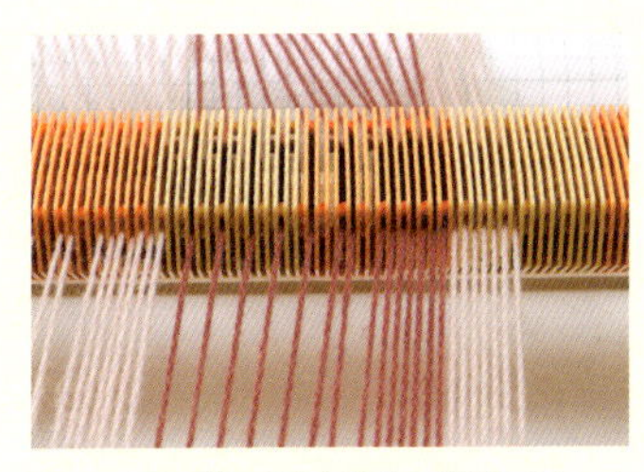

10 元の縞に戻す時も7段階です。1段階目は7番のたて糸を移動させて、平織りを2段織ります。

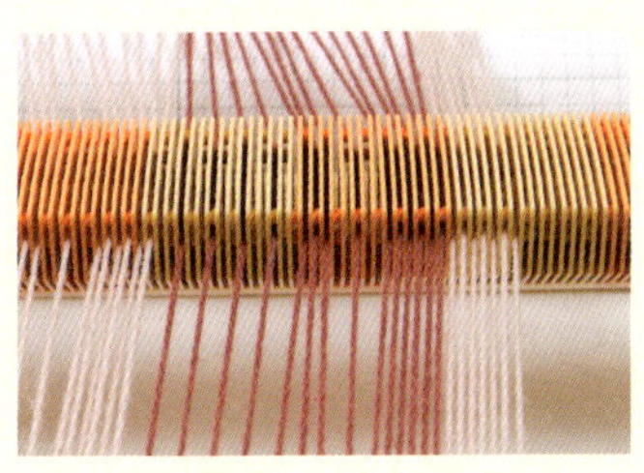

11 2段階目。6、7、8番のたて糸を移動させ、平織りを2段織ります。

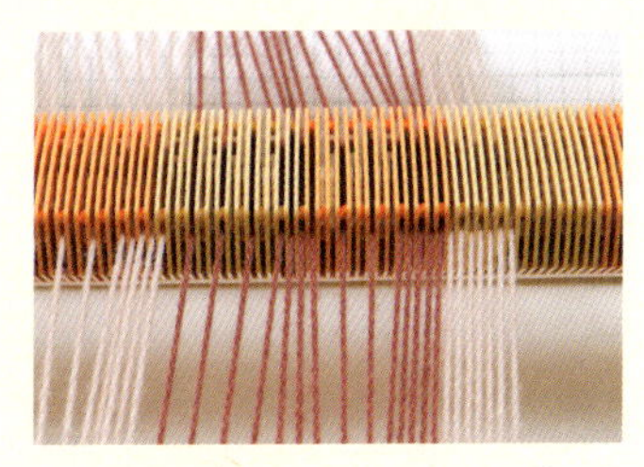

12 3段階目。5、6、7、8、9番のたて糸を移動させ、平織りを2段織ります。

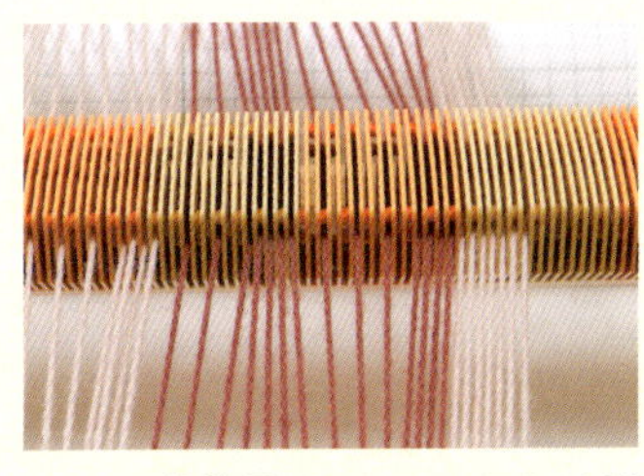

13 4段階目。4、5、6、7、8、9、10番のたて糸を移動させ、平織りを2段織ります。

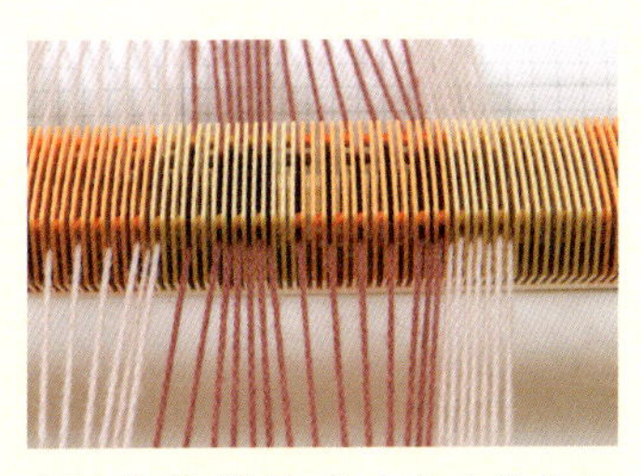

14 5段階目。3、4、5、6、7、8、9、10、11番のたて糸を移動させ、平織りを2段織ります。

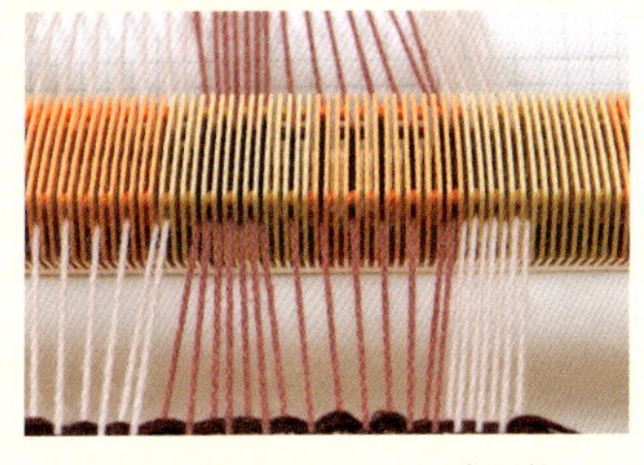

15 6段階目。1、13、14番以外のたて糸を移動させ、平織りを2段織ります。

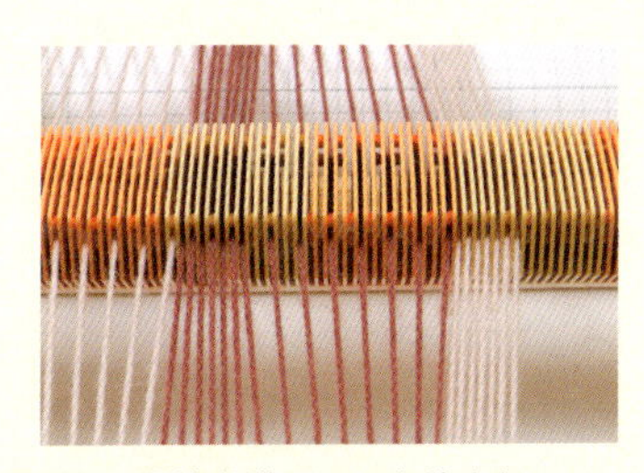

16 最終段階は、14を除くすべてのたて糸を移動させます。**1**と同じ縞になりました。

17 合計14段階のたて糸移動です。この後平織りを5段織って1模様の織り地です。

よろけ縞織り×クッション

ETHNIC
エスニック

よろけ縞は織っている最中でたて糸の外せるオープンリードの織り機ならではの織り方です。
たて糸の移動は間違えやすいので、よく確認しながら織るのがポイント！

DATA

・織り上がり…約40cm×100cm
・使用糸
　たて糸　並太綿糸緑…90m
　　　　　並太綿糸茶…90m
　よこ糸　木綿黄色…5cm×25m・
　　　　　裂き幅約1～1.5cm
・たて糸総本数…108本
・整経長…160cm
・通し幅…40cm
・筬目…50羽
・よこ糸密度…約 3段/cm

ZOOM

たて糸の動き（A部分）

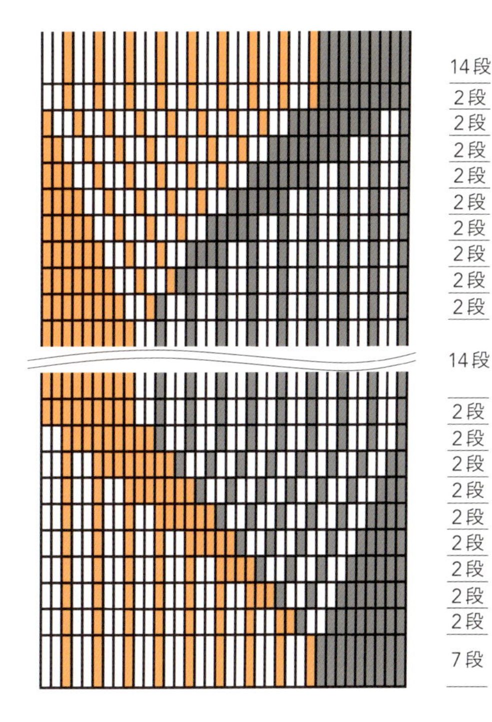

たて糸のかけ方（よろけ部分）

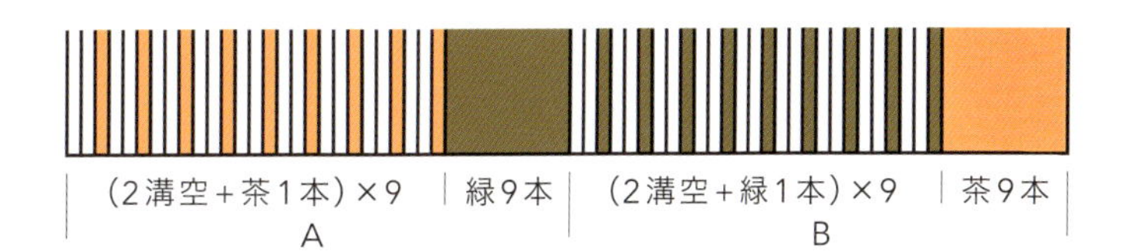

A：（2溝空＋茶1本）×9＋緑9本
B：（2溝空＋緑1本）×9＋茶9本
茶9本＋（A＋B）×2＋A＋緑9本

引き返し織り

引き返し織り①
隙間をあける

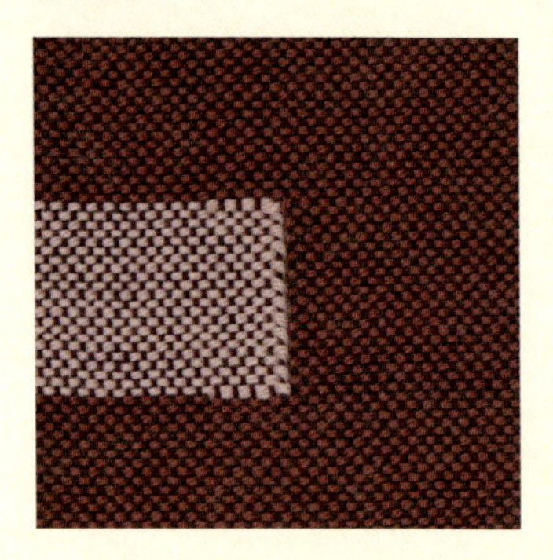

引き返し織り②
柄を出す

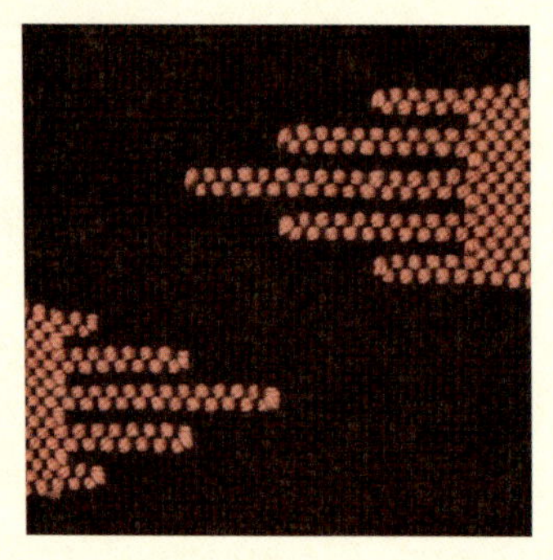

平織りですが、一段の中に複数のよこ糸を使う方法です。柄を出すためや隙間をあけるためなどいろいろ応用できます。

引き返し織り① 隙間をあける

1 平織りの後、引き返す位置に段数リングで目印をします。

2 右側にある平織りの続きのよこ糸を目印のところまで通し、シャトルを表に出します。

3 もうひとつのシャトルを目印のところから入れ、左側まで通します。

4 よこ糸の端は折り返してたて糸の中に入れます。

5 打ち込みます。

6 目印のところで表に出したよこ糸を右側まで通します。

7 左側のよこ糸は目印のところまで通し、表に出します。

8 それぞれよこ糸を通したら、打ち込みます

9 目印を基準に2本のよこ糸を往復させます。

10 これを繰り返すことで、隙間を空けることができました。

11 元のよこ糸が右側にある段で隙間を閉じます。左側のよこ糸は糸端を折り返して同じ段で始末しましょう。

12 左側のシャトルで平織りをします。

13 平織りの織り地の中に穴をあけることができました。

引き返し織り② 柄を出す

1 右からたて糸10本おきに段数リングで目印を4カ所つけます。この目印を左からⓐⓑⓒⓓとします。

2 右側にある地糸のよこ糸をⓒの目印まで通し、表に出します。

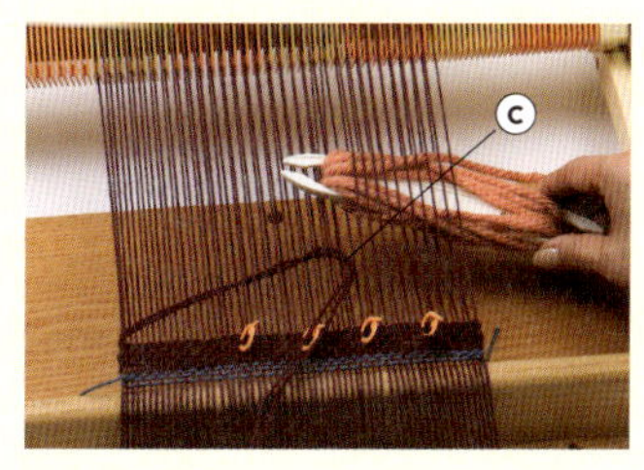

3 柄糸のシャトルを右側から入れ、ⓒで表に出します。

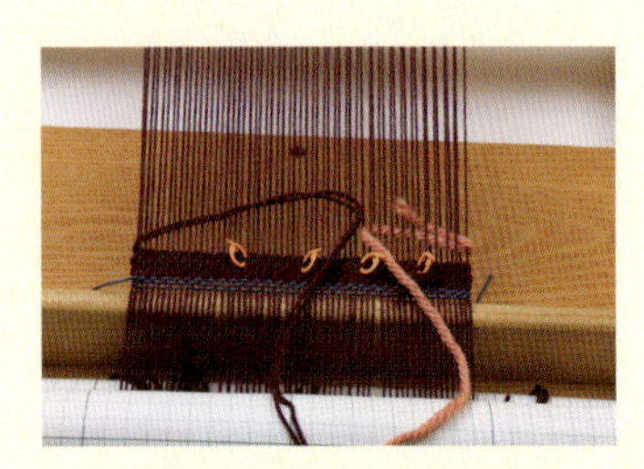

4 柄糸の糸端は同じ段で折り返して始末します。

5 打ち込みます。

6 柄糸のシャトルをⓒから入れて通し、右側に戻します。

7 地糸のシャトルをⓒから入れ、左側に戻します。

8 それぞれよこ糸を入れたら、打ち込みます。

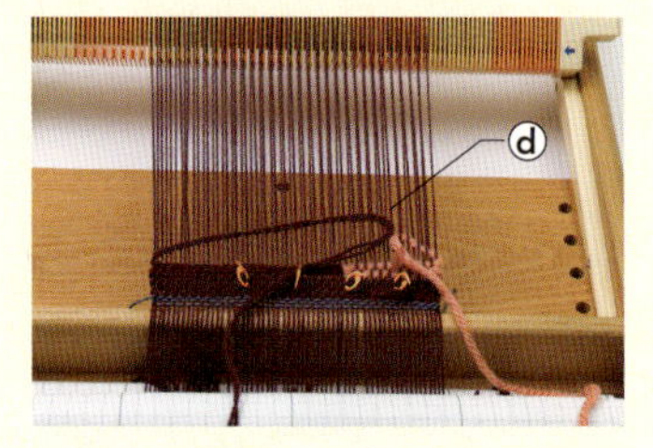

9 次にそれぞれⓓまで入れて、打ち込みます。

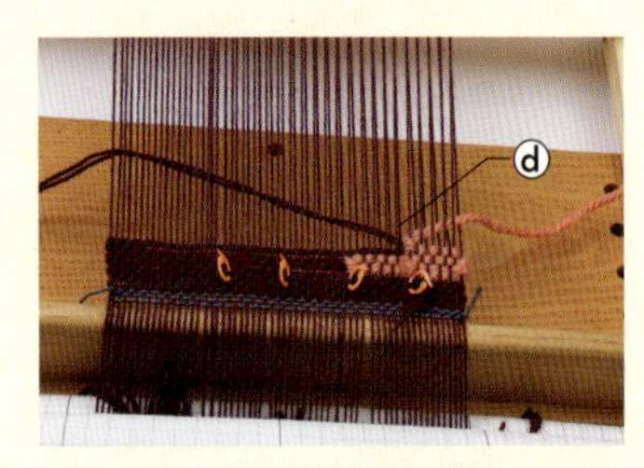

10 ⓓを起点に折り返します。デザイン図のように折り返す位置を変えることで、柄ができます。

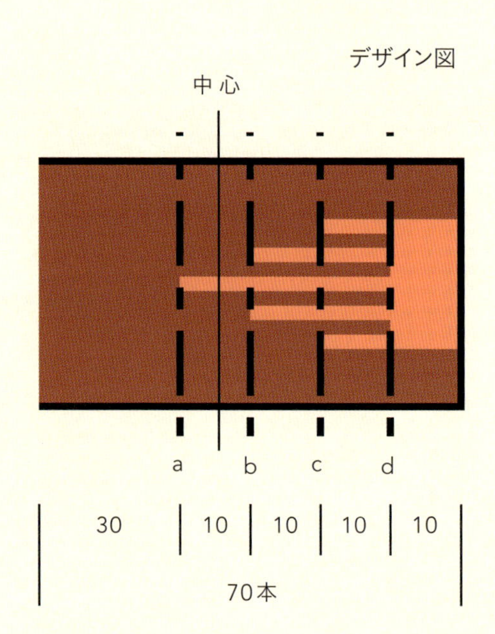

引き返し織り × フロアマット

ETHNIC
エスニック

平織り＋引き返し織りなのでマットとしては薄手です。
マットの場合は房がない方が使いやすいので、
ここでは織り地の中に糸端を縫い込む房の始末をしました。

DATA

- 織り上がり…約38cm×75cm
- 使用糸
  たて糸　ヘンプヤーンこげ茶…160m
  よこ糸　ヘンプこげ茶…約9m
  綿布オレンジ…6cm×5m・裂き幅2cm
  綿布緑系…10cm×3.5m・裂き幅2cm
  綿布茶…16cm×5m・裂き幅2cm
- たて糸総本数…112本
- 整経長…140cm
- 通し幅…38cm
- 筬目…30羽
- よこ糸密度…約2段/cm

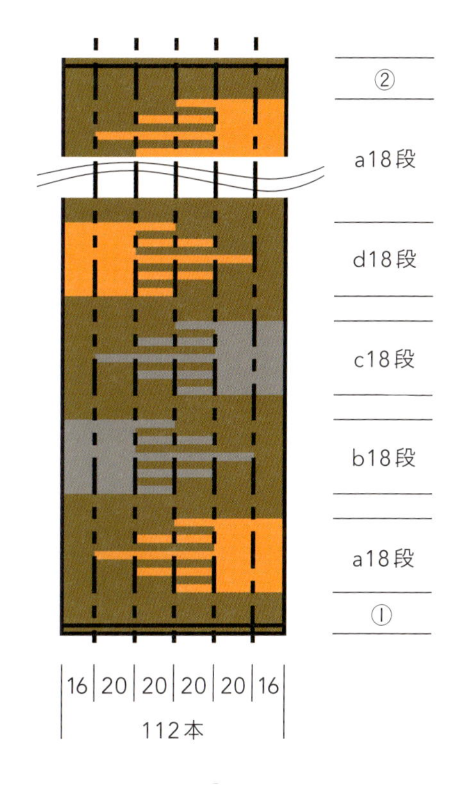

①:糸織り10段1cm+こげ茶4段
②:こげ茶4段+糸織り10段1cm
柄と柄の間はこげ茶3段
①+a+3段+b+3段+c+3段+d+3段+c+3段+b+3段+a+②
たて糸は織り地に縫い込んで始末する

POINT

とじ針に房糸の端を通し、その糸の織り目に沿って5～6目をとじ針ですくいます。

そのまま房糸を織り目に通します。布端の高さがそろうように糸の引き加減を揃えるのがポイントです。

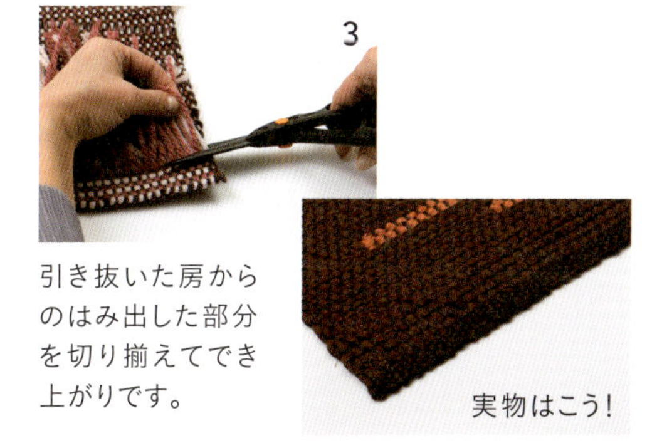

引き抜いた房からのはみ出した部分を切り揃えてでき上がりです。

引き返し織り×うさ耳バッグ

JAPANESE
和

引き返し織りで織り布の中心に隙間を作ります。
引き返し部分で裂き布を変えればパッチワークのような色遊びを楽しむことができます。
幅が揃うように元の布は同じタイプを選ぶのがポイントです。

③

②

DATA

①グレー×黄
②青×紺
③紺×オレンジ
共通

・織り上がり…約30cm×92cm
・使用糸
たて糸　①綿糸淡グレー　135m
　②綿糸青　135m
　③綿糸紺　135m
よこ糸　①A:木綿グレー会津木綿風
　…2.5m×30cm
　B:木綿黄　5m×10cm
　②A:木綿青　5m×15cm
　B:木綿紺絣柄　2.5m×15cm
　③A:木綿紺絣柄　2.5m×30cm
　B:木綿オレンジ　5m×10cm
　（布の裂き幅は1～1.5cm）
・たて糸総本数…90本
・整経長…150cm
・通し幅…30cm
・筬目…30羽
・よこ糸密度…約3段/cm

①
たて糸
よこ糸

②
たて糸
よこ糸

③
たて糸
よこ糸

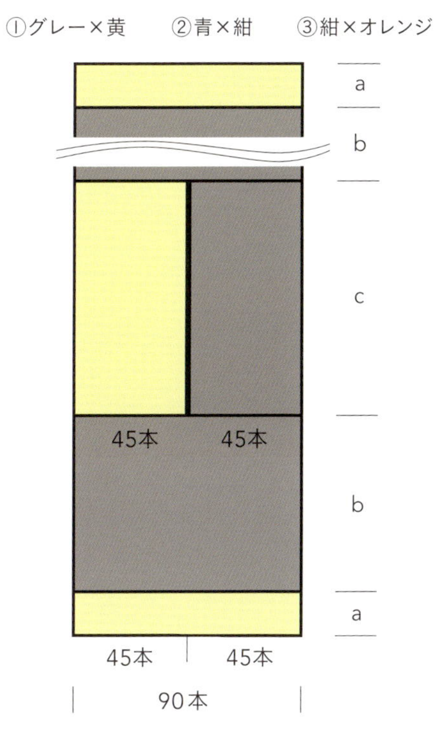

※ 織り始めと織り終わりはたて糸の残りで10段織る
a:B色で6cm
b:A色で24cm
c:たて糸45本ずつでA,B2色の引き返し織り
※ +a+b+c+b+a+※

網代織り

たてとよこの糸の太さを揃えて交互に織りこむと出来上がるのが網代織り。2色のよこ糸を使った平織りでできる幾何学模様はとても惹かれます。裂き織りでもたてよこに裂き布を使えば、くっきりとした網代模様ができ上がります。

1 濃色(赤)と淡色(白)の2色は一つの縞で赤白赤白の順で交互にかけます。ブロックが変わるとき白赤白赤の順にたて糸をかけます。

2 3ブロックのうち、片方の開口では両端の2ブロックの上糸が白になります。

3 逆の開口では中央の縞の上糸が白になります。

4　よこ糸は赤と白をそれぞれシャトルに巻きます。**2**の時に赤をよこ糸として入れます。

5　打ち込みます。

6　**3**の開口の時に、白をよこ糸として入れます。

7　打ち込みます。

8　これを10回20段繰り返すとひとつのブロックができます。

9　次のブロックでは白赤白赤と織り進みます。**2**の開口で白を入れます。白は続けて2段織っています。

10　**3**の開口で赤を入れます。

11　これを繰りかえすと柄が変わります。

網代織り×テーブルマットとコースター

JAPANESE
和

裂いた布はたて糸にすることもできます。
このテーブルセットはたてよこともに裂いた布で網代織りをしていますが、
裂く布は細く裂け、ほつれが少ないものを選ぶといいでしょう。

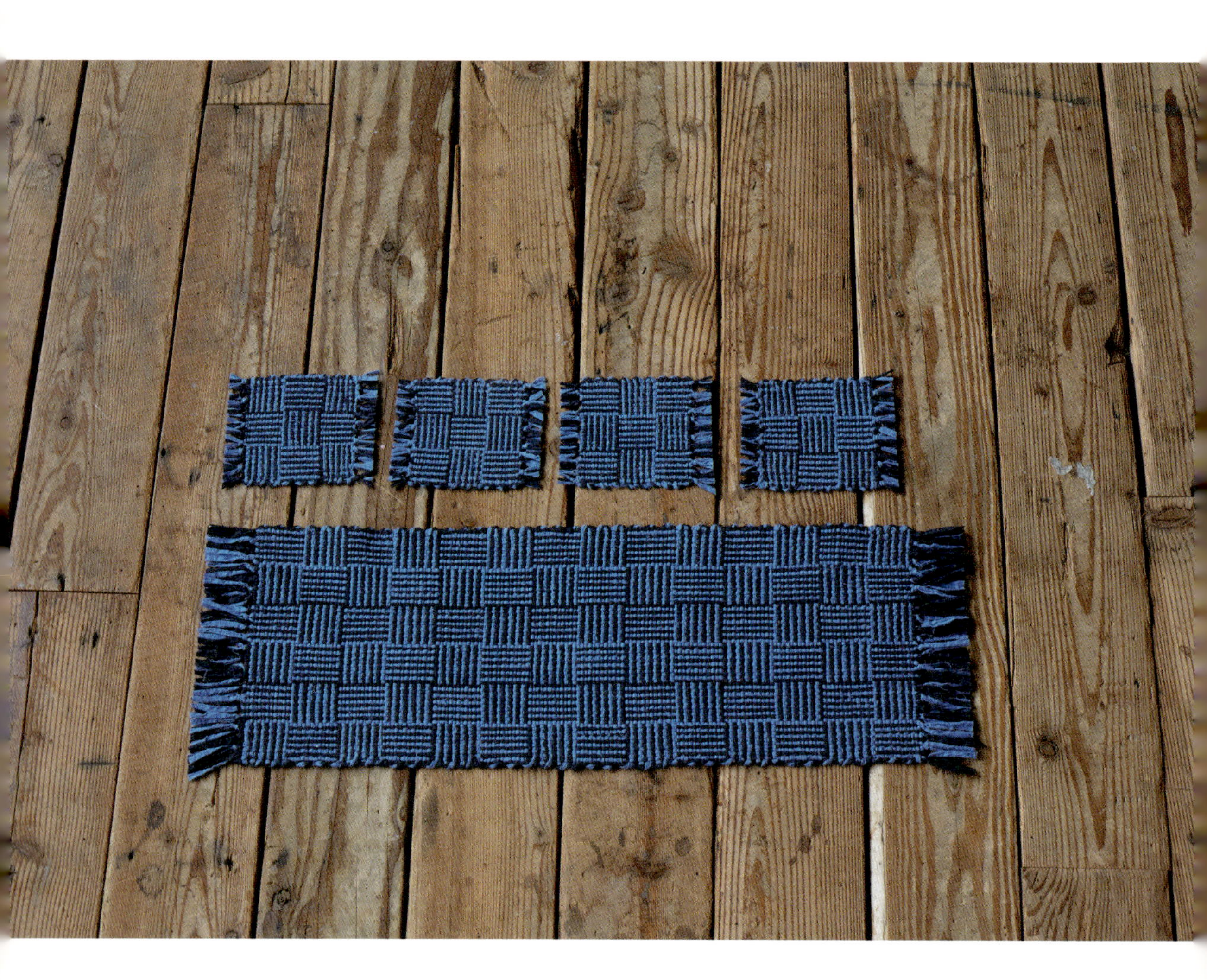

DATA

テーブルマット

・織り上がり…約24x60cm
・使用糸
　たて糸　A：木綿布紺…2.5m×18本・裂き幅各1cm
　　　　　B：木綿布青…2.5m×18本・裂き幅各1cm
　よこ糸　A：木綿布紺…5m×7cm・裂き幅1cm
　　　　　B：木綿布青…5m×7cm・裂き幅1cm
・たて糸総本数…72本（紺36本＋青36本）
・整経長…125cm（250cmを半分に折って使用）
・通し幅…24cm
・筬目…30羽
・よこ糸密度…3段/cm

コースター

・織り上がり…12cm×12cm（4枚）
　※コースター1枚を織ったら
　紙をはさんで、20cmあけて次の1枚を織る
・使用糸
　たて糸　A：木綿布紺…3.2m×9本・裂き幅各1cm
　　　　　B：木綿布青…3.2m×9本・裂き幅各1cm
　よこ糸　A：木綿布紺…5m×3cm・裂き幅1cm
　　　　　B：木綿布青…5m×3cm・裂き幅1cm
・たて糸総本数…36本（紺18本＋青18本）
・整経長…160cm（320cmを半分に折って使用）
・通し幅…12cm
・筬目…30羽
・よこ糸密度…3段/cm

（テーブルマット・コースター共通）

A：たて・よこ糸共通
B：たて・よこ糸共通

POINT

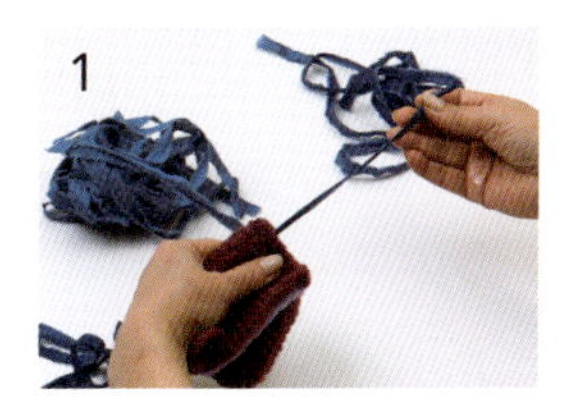

たて糸にする裂き布は軽く糊付けをします。水＋洗濯のりの中でふきんをたっぷり湿らせ、裂き布をしごいてほつれを抑えます。

たて糸用の裂き布は整経長の倍の長さの布を用意し、バックバーでUターンさせソウコウに通します。

巻き取る時はソウコウが動かないようにマジックテープでしっかり固定しましょう。

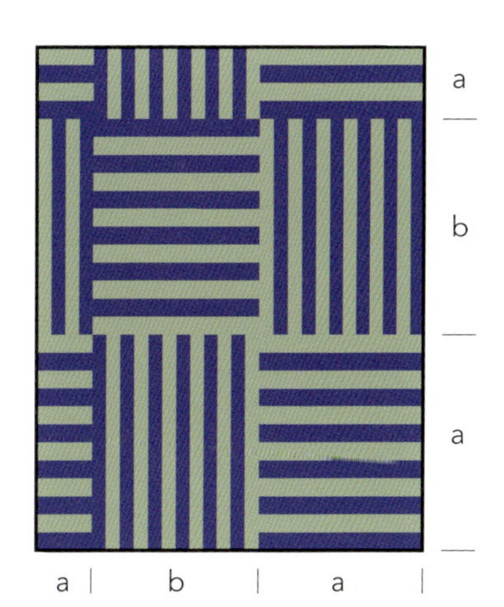

a:（A1本＋B1本）× 6
b:（B1本＋A1本）× 6
たて糸
テーブルマット：(a+b)×3
コースター：a+b+a

うね網代織り

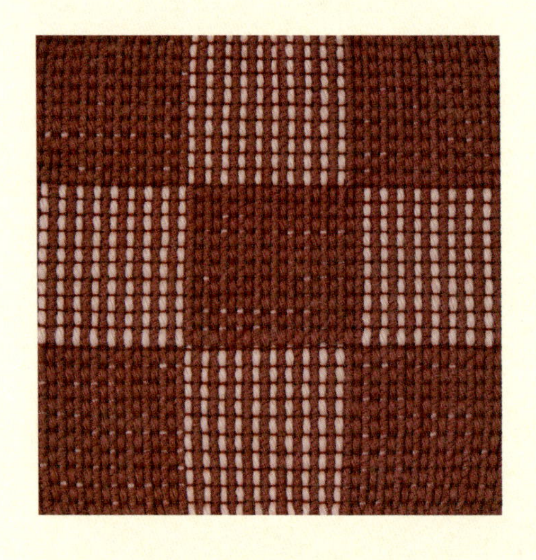

網代織り同様、たて糸を2色で交互にかけ、よこ糸も2種類の糸を交互に織りますが、よこ糸の太さを変えてうねをつくるのがうね網代織りです。網代織りよりくっきりとした市松模様になり、ブロックの幅を変えることで105ページのような等差織りにもなります。

1 たて糸は網代織りと同じかけ方です。ひとつの縞は赤白の順に、次の縞は白赤の順です。

2 中央のブロックの上糸が白の時に太い糸を入れます。

3 逆の開口で細い糸を入れます。

4 これを10回繰り返します。

5 ブロックを変える時は細い糸を2段続けて織ります。

6 太・細・太・細を繰り返すと色の出方が変わります。

うね網代織り×ひざかけ

MONOTONE
モノトーン

たて糸は毛糸、よこ糸はフリースを2cm幅に切って
織りこみ暖かいひざかけに仕上げました。
技法はうね網代織り、ブロックの大きさを変えることで
丸みのある模様になります。

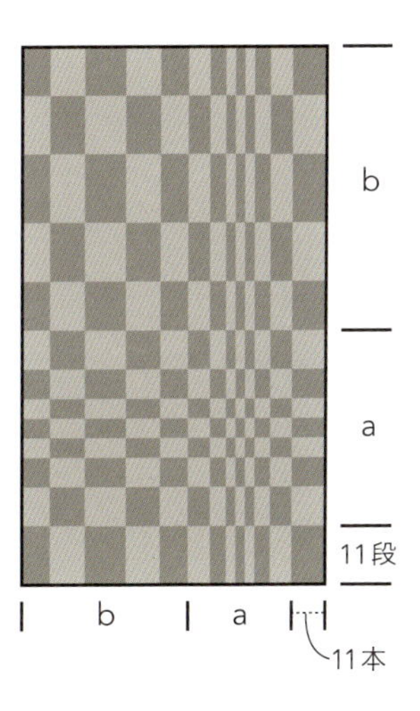

たて・よこ糸ともABABの順番
11本の部分は黒6本　白5本
a:7本+5本+3本+3本+3本+5本+7本　黒20本　白13本
b:9本+11本+13本+11本+9本　黒24本　白29本
11本+(a+b)×2+a+11本

DATA

- 織り上がり…約57cm×110cm
- 使用糸
  たて糸　A:ウール極太黒…205m
  　　　　B:ウール極太白…185m
  よこ糸　A:フリース黒…約150g・
  　　　　　裂き幅2cm
  　　　　B:ウール極細黒…100m
- たて糸総本数…227本
- 整経長…170cm
- 通し幅…57cm
- 筬目…40羽
- よこ糸密度…約2段/cm

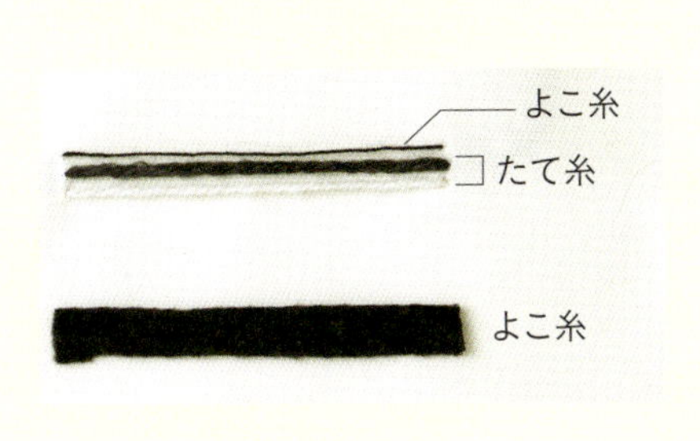

ノット織り

中国の緞通(だんつう)と同じ、立体感を出す織り方です。緞通は結び付けたよこ糸の高さをカットすることで立体感を出しますが、ここではループの高さを変えることで立体感を表現しました。裂き織り地のアクセントとして取り入れると楽しい技法です。たて糸は2本ずつ同じ動きをする変わり通しでかけます。

変わり通し 〈クローズドリード〉

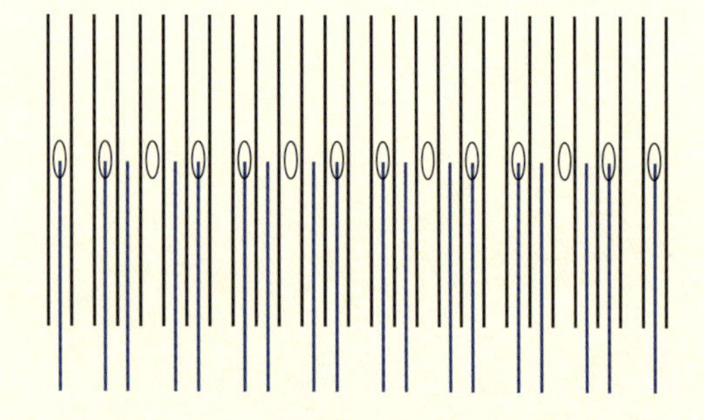

変わり通し 〈オープンリード〉

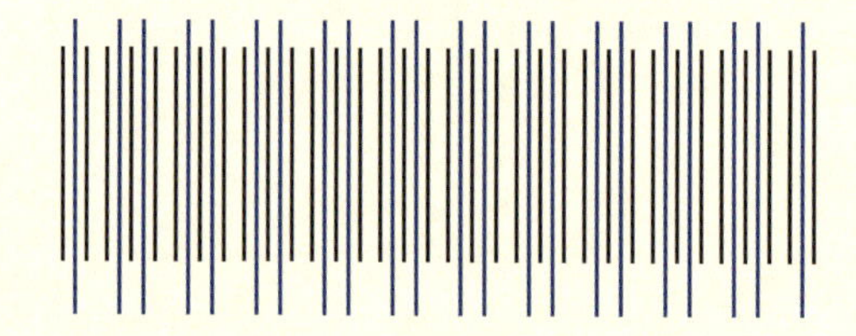

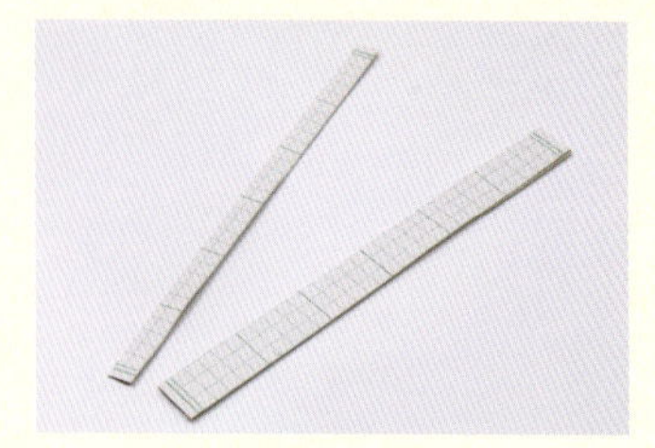

1 ループを作るのに固い紙で作ったスティックが必要です。ここでは高さ3cmと1.5cmの２種類を用意しました。

2 110ページのコーデュロイのフロアマットは裂き布と糸を交互に織りました。

3 ノット織り用に並太毛糸6本取りで束ねます。

4　たて糸4本を1組と考え、糸端が中央から出てくるように巻きつけます。

5　糸を織り地側に引っ張り、締めます。

6　3cmのスティックに糸を巻きつけます。

7　次の4本一組のたて糸に**4**と同じように巻きつけます。

8　糸を織り機側に引っ張って締めます。

9　そしてスティックに糸を巻きつけるを繰り返します。

10　同じ作業で1列終えた状態。

11　糸端は最後の4本の間に入れます。織りはじめの糸端もはじめの4本の間に入れます。

12　スティックを引き抜きます。

13　綿糸で平織りを4段織ります。

14　同じ要領で白でノット織りを2回、ピンクを1回織ります。

15　次に1.5cmのスティックでピンクのノット織りを1段織ります。

16 スティックの幅が変わることで、ループの高さが変わります。

17 次に1.5cmのスティックで赤のノット織りを1段織ります。

18 ここが柄の折り返し地点になり、平織りの糸が見える部分なので綿糸ではなく毛糸で4段織ります。

19 織機の前後を逆にします。

20 織機の逆向きからノット織りをします。

21 一列巻きつけたら、織り地に向かって押し付けるように打ち込みます。

22 綿糸を入れます。

23 織り地に向かって打ち込みます。

24 その後ピンク2回、白2回と織りはじめと同じノット織りを入れます。

ノット織り×フロアマット

MONOTONE
モノトーン

コーデュロイのような地厚の布はマットの裂き織り素材にピッタリです。
きれいに打ち込めるようコーデュロイと糸を交互に打ち込みましょう。
飾りのノット織りはループの高さを変えて立体感を出してみました。

DATA

- 織り上がり…39cm×90cm
  (両端5cmを折り返して80cm長にする)
- 使用糸
  たて糸　並太綿糸黒…120m
  よこ糸　コール天黒…約300g・裂き幅1.5cm
  　　　　並太綿糸黒…80m
- 並太毛糸(ノッティング部分)
  黒・濃グレー・淡グレー…各500m
- 並太毛糸(ノッティング部分)白…280m
- たて糸総本数…78本(両端2本取)
- 整経長…150m
- 通し幅…39cm
- 筬目…30羽
- よこ糸密度…約4段/cm

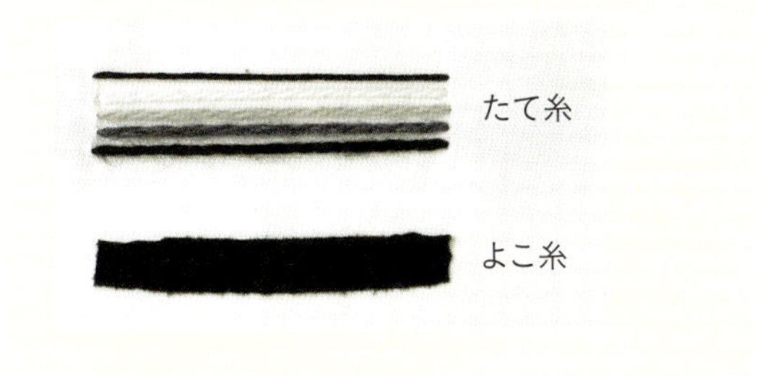

ZOOM

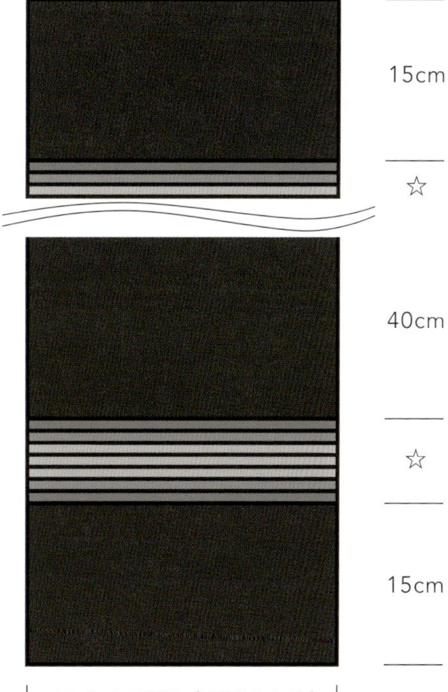

☆ノット織り　A+B+C+D+C+B+A=10cm
A:毛糸黒で高さ3cmのノッティング2段
B:毛糸濃グレーで高さ3cmのノッティング2段
C:毛糸淡グレーで高さ3cmのノッティング2段
D:毛糸白で高さ1.5cmのノッティング2段

織り機がなくてもOK

布ぞうりを作ろう

百円ショップでも買える万力を4つ使って、布ぞうりを作りましょう。ふかふかと柔らかく、はいているだけで癒されます。ここではぞうりとサンダルの2タイプの作り方をご紹介します。

用意するもの

- 万力…4個
- ロープ(8mm)…5m
- ぞうり用布…木綿シーチング5cm幅15m分×2
- 鼻緒布(フリース)…10cm幅×110cm

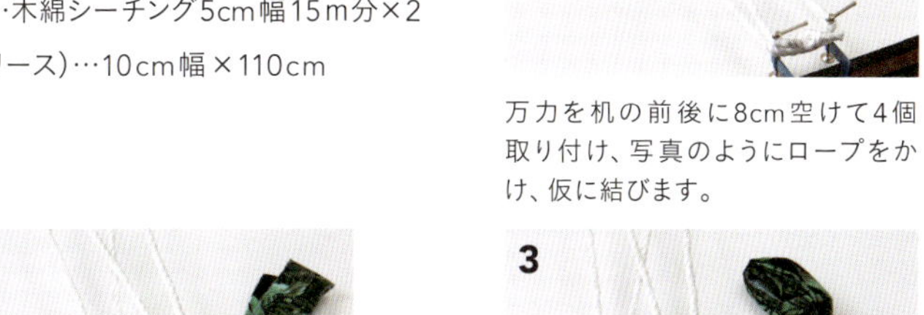

万力を机の前後に8cm空けて4個取り付け、写真のようにロープをかけ、仮に結びます。

たて糸4本の状態のロープを上・下・上・下と渡るよう裂き布を通します。布の端は50cm残しておきます。

2段目は1段目とは逆のロープの間に上・下・上・下と裂き布を通します。

3段目は1段目と同じように裂き布を通します。

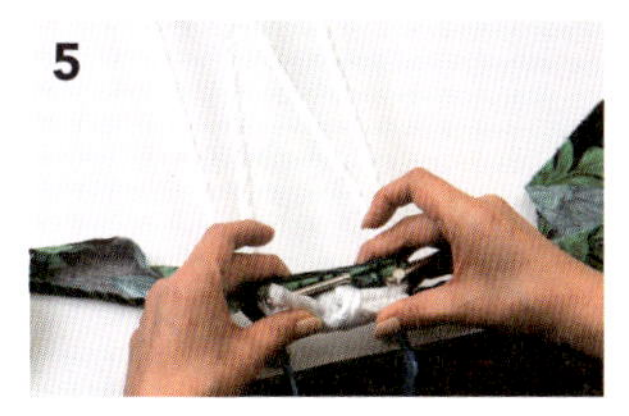

これをある程度繰り返したら、指で手前に打ち込みます。

布をつなげるときは端を数cm残し、次の裂き布は逆側から同じ場所に入れます。

さらに織り進みます。

幅が狭くならないように、ときどき幅を確認します。

Point

裂き布を引っ張りすぎると幅が狭くなります。一定の幅になるように注意しましょう。

端を50cm残して、15m分織ります。

万力からロープを外します。

結び目をほどきます。

ぞうり本体を手で押さえ、ロープを1本ずつ左右交互に引っ張ります。

自分の足にちょうどいい大きさまで引っ張ります。

ロープを今度はしっかりと2回かた結びし、余分なロープは切ります。

はじめに残しておいた50cmの裂き布でロープを隠すようにぞうり本体に巻きつけていきます。

残しておいた布端はぞうり本体の織り目の中に押し込みます。

ぞうり本体が完成しました。

10cm幅のフリースは30cmと40cm 2本に切り、30cmの方は半分の5cm幅に切り、伸ばしておきます。

40cmの方が鼻緒で、5cm×30cmが鼻緒紐です。

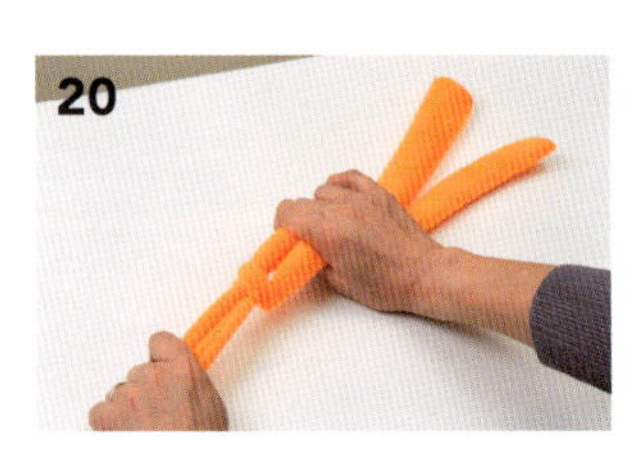

鼻緒紐をふたつ折りにし、鼻緒をくぐらせ、輪の中に端を入れて締めます。

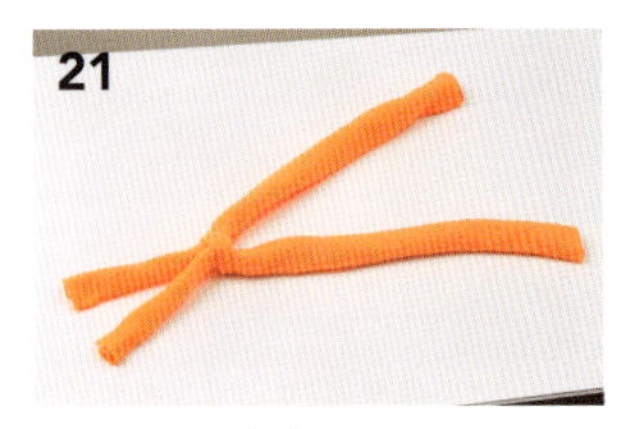

これで鼻緒と鼻緒紐ができました。

ロープ4本中、右足は左から2本目のロープを挟むように通します。左足は3番目のロープを挟みます。

裏側で縛ります。

鼻緒を入れる位置を決めます。

左から3番目と4番目の間に鼻緒を通します。

外側から回して、同じ所に入れ、2番目と3番目の間から鼻緒を出します。

27 さらに1番目と2番目のロープの間に鼻緒を通します。

28 同じようにもう片方の鼻緒も1番目と2番目の間に通します。

29 外側から回して、上・下・上・下と通します。

余分な鼻緒を切ってでき上がりです。ふわっと足にフィットする履き心地のいい布ぞうりになりました。

鼻緒を取り付ける位置は、実際にはいてちょうどいい位置を確認しましょう

[サンダル風にする場合]

木綿布の場合

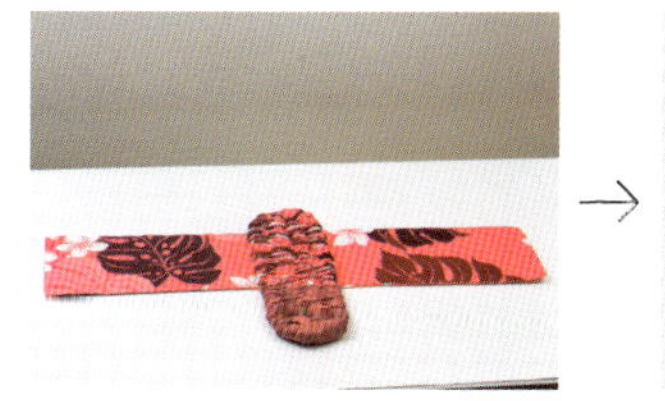

→

→

10cm×1mの布を用意し、ふたつ折りにしてかがってひっくり返します。表側でちょうどいい長さでのところで結び、裏側は何カ所か縫ってとめます。

フリース布の場合

→

→

15cm×50cm×2枚のフリースを用意して袋状に縫い、木綿と同じように取り付けます。

織り機がなくてもOK

ベルト織り

ベルト織りは覚えておくと便利な技法。たて糸の残りでベルト織りをすればバッグと共糸のもち手になります。卓上織り機でもできますが、ここではコンパクトなヘドルルームで縞・市松のほか、ライズアップで柄を出すベルト織りを紹介します。このベルトはスクエアバッグ（P78）と同じデザインです。

柄の出し方

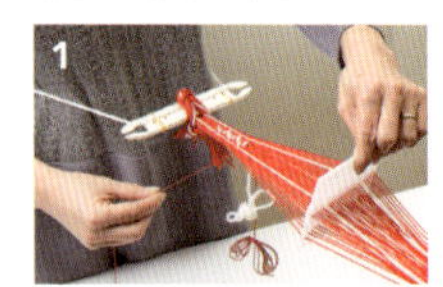

1 ヘドルルームにたて糸を通し、腰に結びつけた紐にたて糸の端をとめて織っていきます。

2 ヘドルルームを上下させることで開口します。

3 その間によこ糸を通し、ピックアップスティックで打ち込みます。

4 よこ糸を引っ張って、ベルトの幅を揃えます。

5 柄糸はデザインに沿って浮き織りのように入れます。

DATA

- 織り上がり…3cm幅
- 使用糸
  たて糸　ウール並太赤・白
  よこ糸　ズービマ綿赤
  　　　　ウール並太白（③④⑤のみ）
- たて糸本数…①③48本、②④⑤49本
- 通し幅…10cm
- 筬目…50羽
- よこ糸密度…3段/cm

①ベルト織り　縞

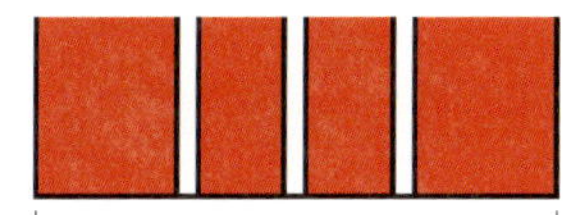

赤13、白2、赤8、白2、赤8、白2、赤13
計48本（赤42本、白6本）

②ベルト織り　市松模様

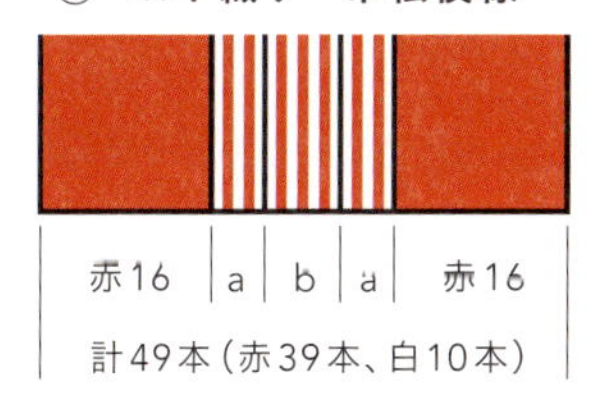

赤16　a　b　a　赤16
計49本（赤39本、白10本）

a：（白1、赤1）×2、白1
b：（白1、赤1）×3、白1

③ライズアップのベルト織り

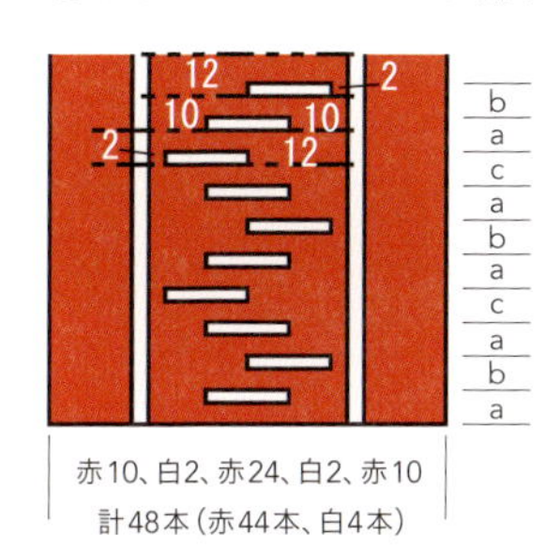

赤10、白2、赤24、白2、赤10
計48本（赤44本、白4本）

赤24本の部分に柄を入れる
たて糸10本分を渡るように柄糸を入れる
a：左右7本ずつ、中央10本のたて糸を飛ばす
b：左12本、10本飛ばして右2本
c：左2本、10本飛ばして右12本
abcのくり返し

④ライズアップのベルト織り　花

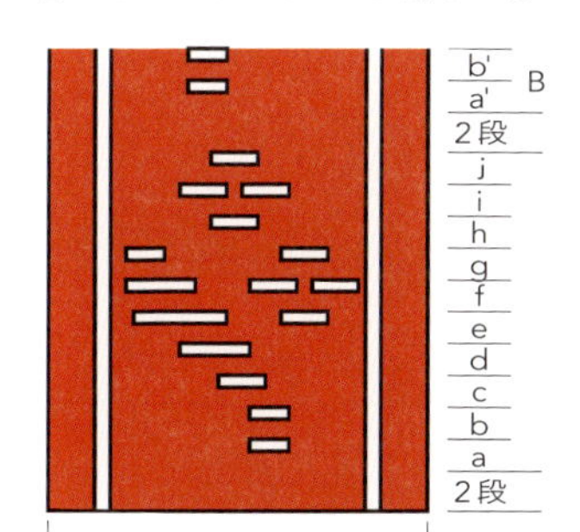

赤6、白2、赤33、白2、赤6
計49本（赤45本、白4本）

赤33本の部分に柄を入れる
2段+A+2段+Bをくり返す
BではAと左右が反転
例：a'=10,⑤,18

a,b	18+⑤+10
c	14+⑥+13
d	9+⑨+15
e	3+⑫+7+⑥+15
f	2+⑨+7+⑥+2+⑥+1
g	2+⑤+15+⑥+5
h	13+⑥+14
i	9+⑥+2+⑥+10
j	13+⑥+14

※丸囲いの数字部分がたて糸を飛ばす部分
織りたい長さの中央で織り順をj→aに反転させます

⑤ライズアップのベルト織り　ツリー

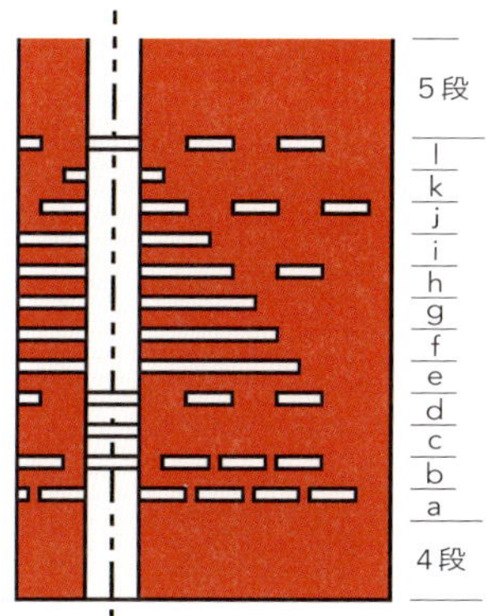

白3本目が中央

赤22、白5、赤22
計49本（赤44本、白5本）

柄糸の入れ方は
白5本部分から片側のみ記載
左右対称となるように柄を入れる
両端4段、a～l+5段のくり返し
織りたい長さの中央で織り順
をl→aに反転させます

a	5+（④+1）×3+④+3
b	⑤+2+④+（1+④）×2+6
c	⑤+22
d	⑤+（4+④）×2+6
e	5+⑭+8
f	5+⑫+10
g	5+⑩+12
h	5+⑧+4+④+6
i	5+⑥+16
j	5+（④+4）×2+④+2
k	5+②+20
l	⑤+（4+④）×2+6

柄布と裂き方による変化　[サンプル織り]

裂き方 / 元布	たて方向に裂く	よこ方向に裂く	バイヤスに切る	円を描いて切る
黒				
水玉（大） 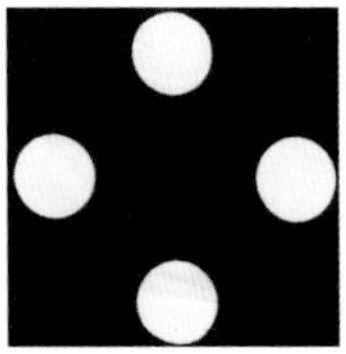		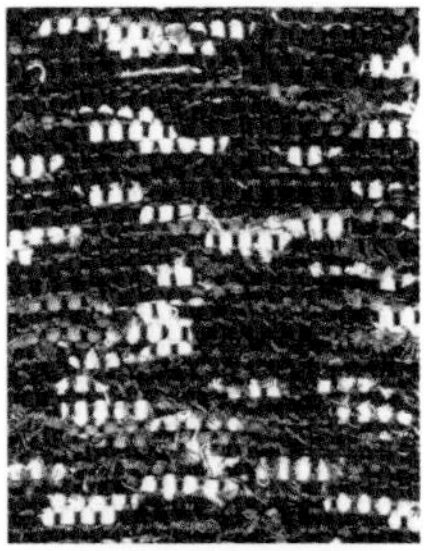		
水玉（小） 		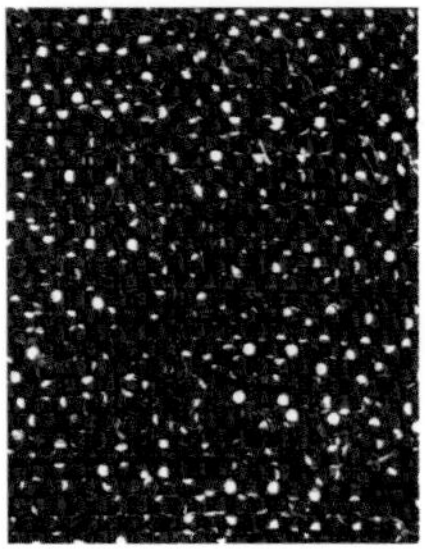	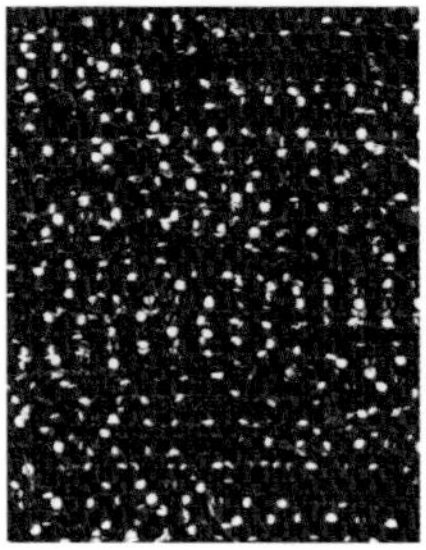	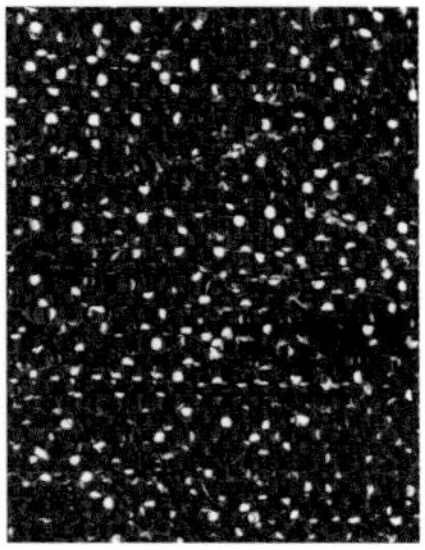

さまざまな柄布を、さまざまな裂き方で裂いて織ったサンプルです。
手持ちの布で裂き織りをする際の参考にしてください。変化のないものもありますが、
縞の布をグルグルに切ると縞の色がさまざな方向に出て、おもしろい布ができます。

裂き方 / 元布	たて方向に裂く	よこ方向に裂く	バイヤスに切る	円を描いて切る
大花 				
小花 				
縞（大）				
縞（小） 				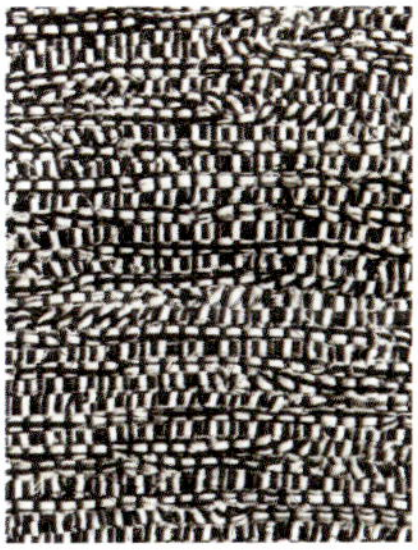

糸と布の組み合わせ ［カラーサンプル織り］

布＼糸	黒	ピンク	茶	黄
白	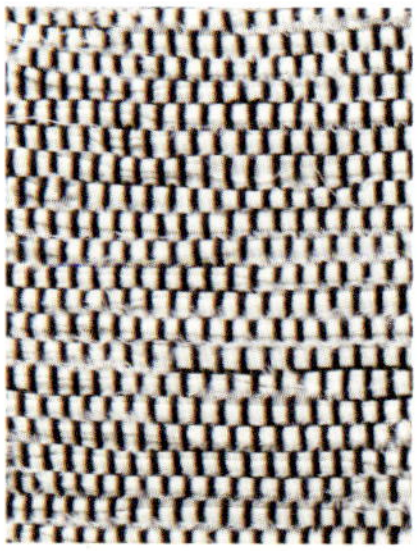	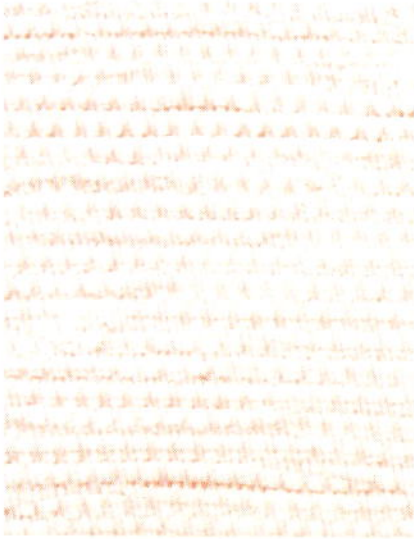	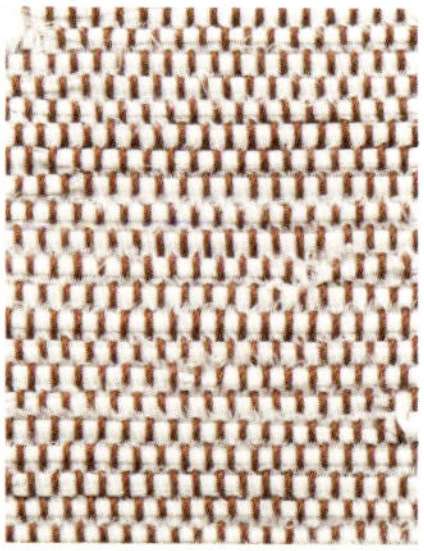	
黄	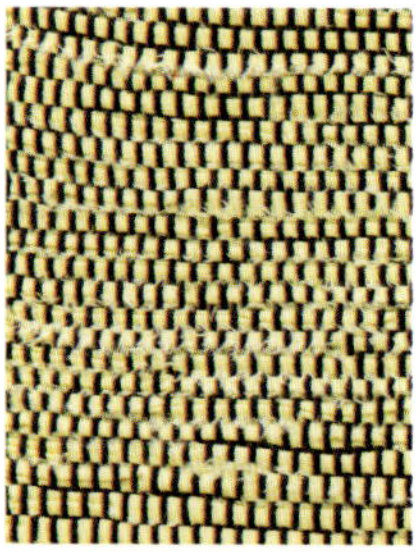			
赤		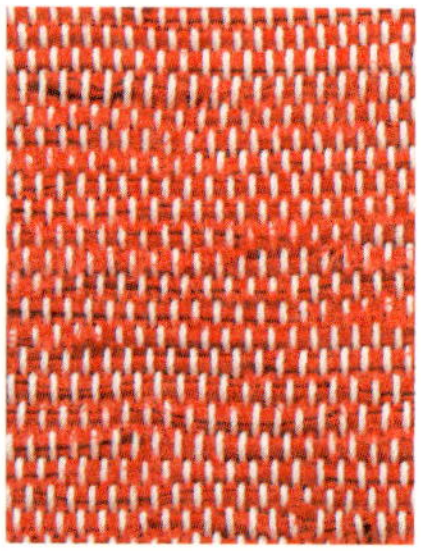		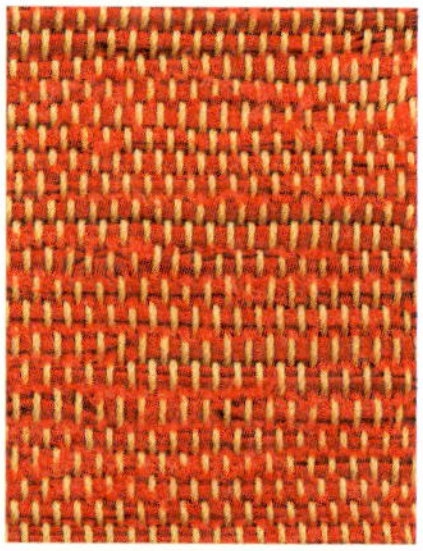
黒		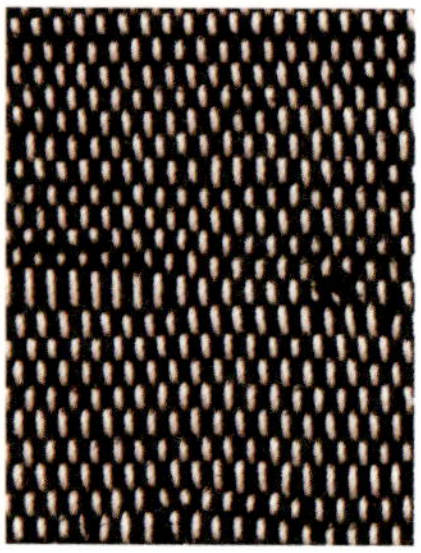		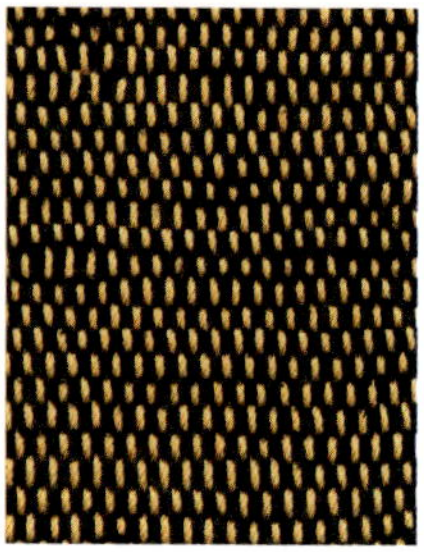

スーピマ綿糸8色をたて糸にして、4色の布をすべて50羽で織ってその違いを比べてみました。
その組み合わせによって印象が変わります。色選びの参考にしてください。
ここでは無地の布を織っていますが、柄布を織る時はその柄の中の強調したい1色に近い色をたて糸に選ぶといいでしょう。

布＼糸	白	青	緑	赤
白		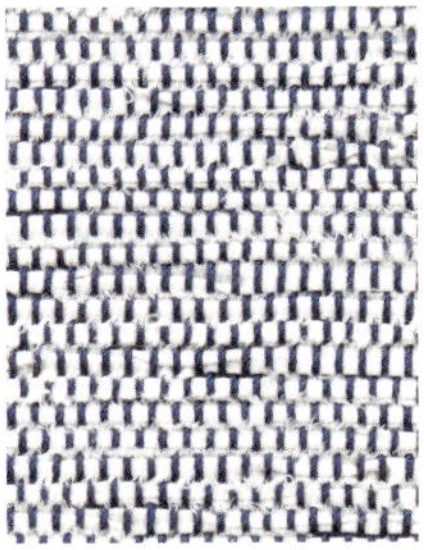	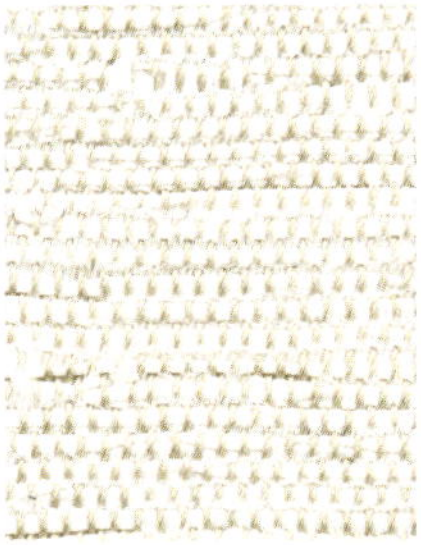	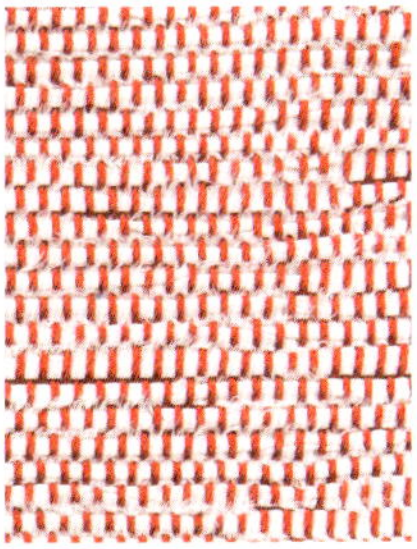
黄			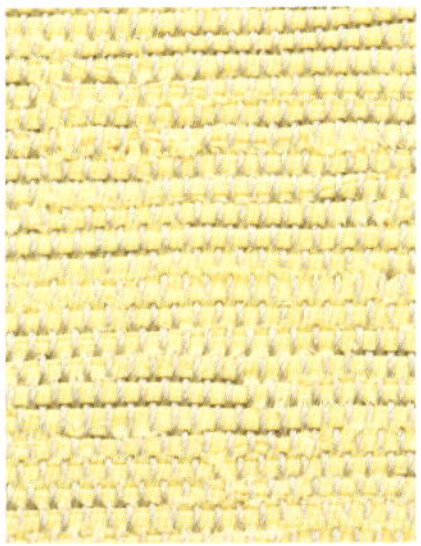	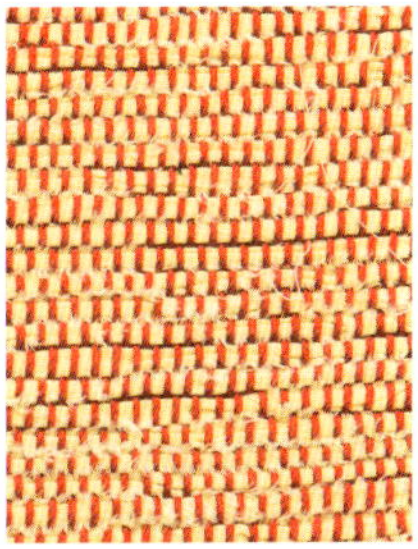
赤	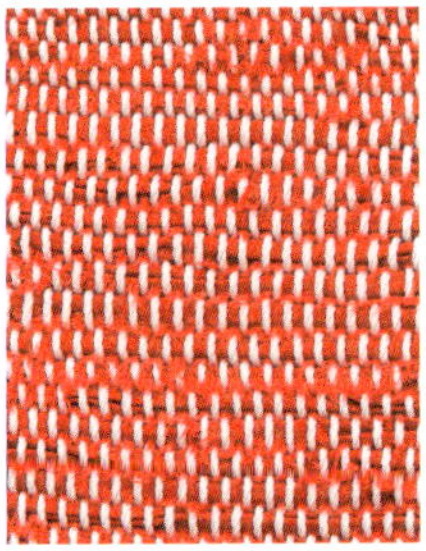		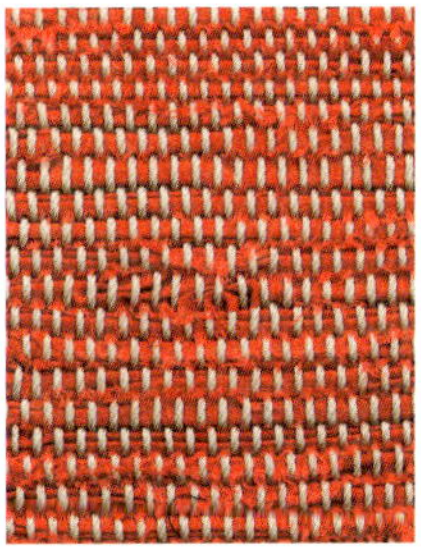	
黒	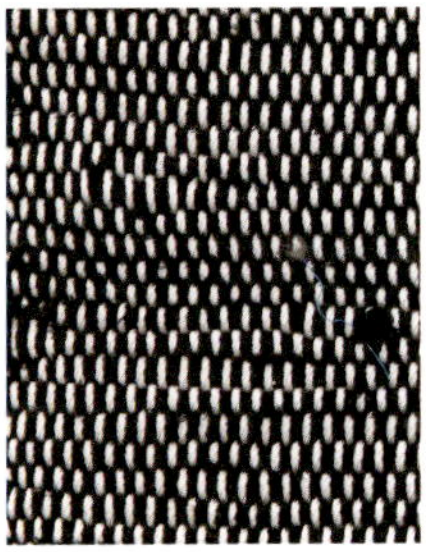	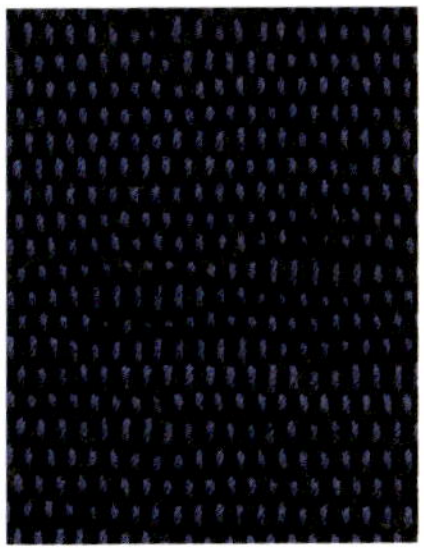	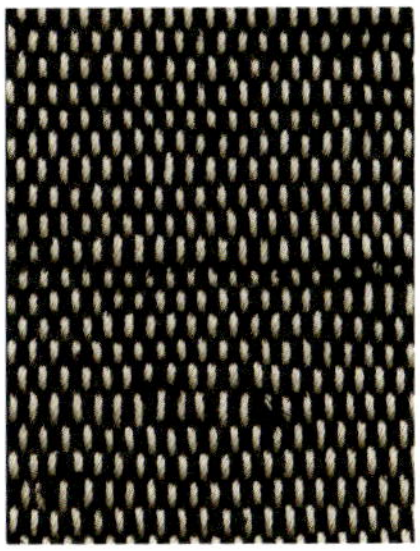	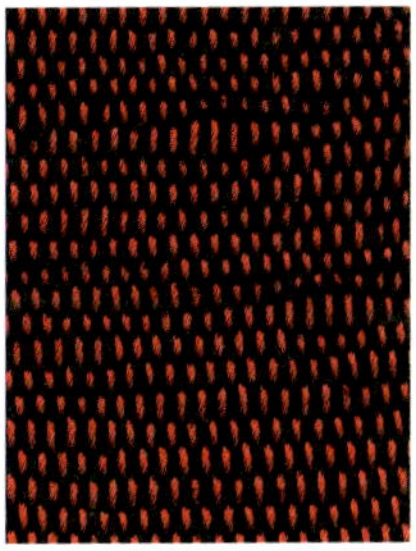

ソウコウの選び方

[サンプル織り]

極細、中細、並太、極太の4種類のたて糸、よこ糸には1cmに裂いた布を
よこ糸密度3段/cmで織った場合の20羽〜50羽までのサンプル織りです。
実際に織ってみて、イメージに合わないときは筬密度を変えます。
そのためにも密度の異なる筬（ソウコウ）は何種類か揃えておくといいでしょう。

糸＼密度	20羽	30羽	40羽	50羽
極細	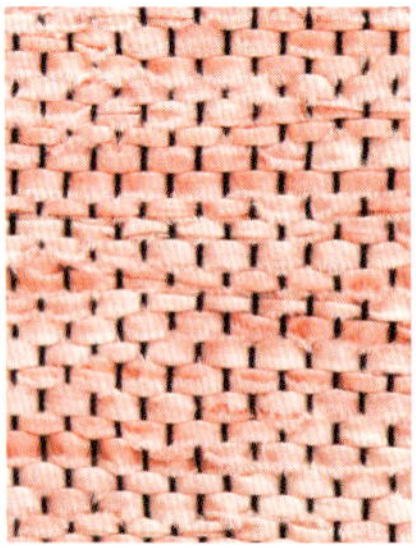		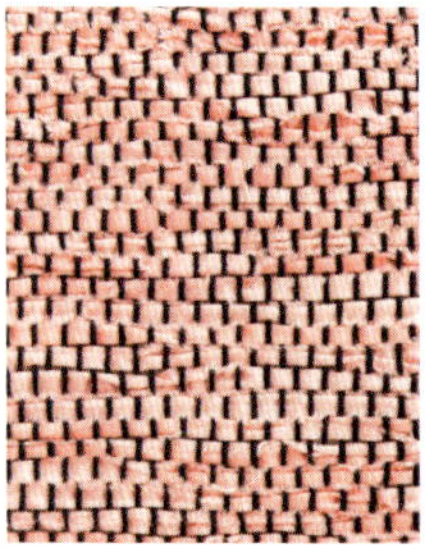	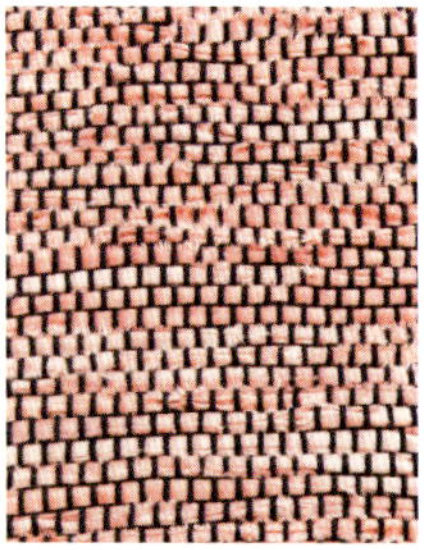
中細	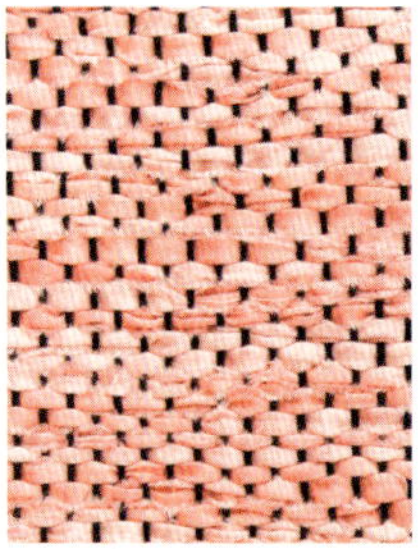			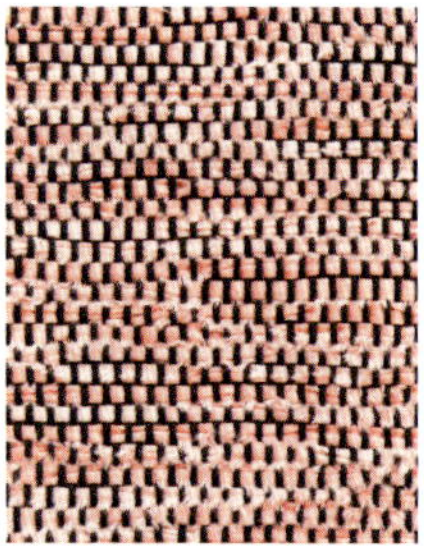
並太	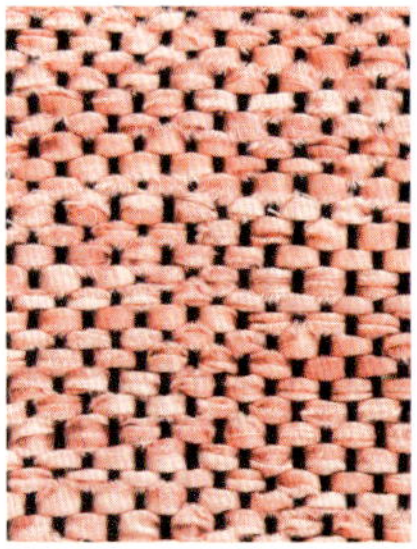	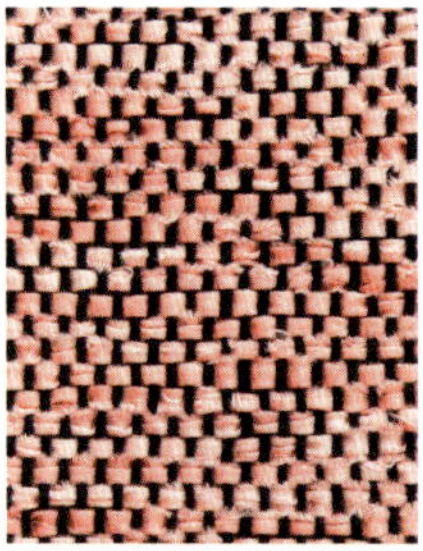	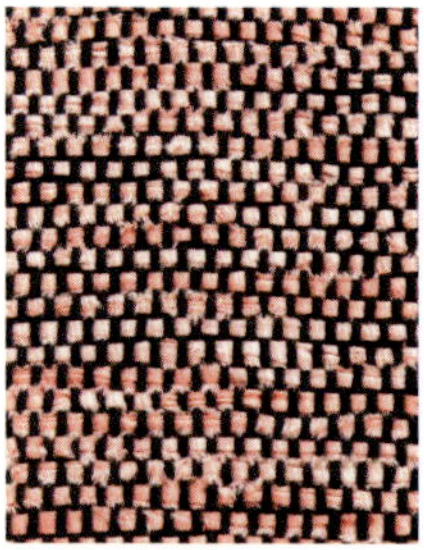	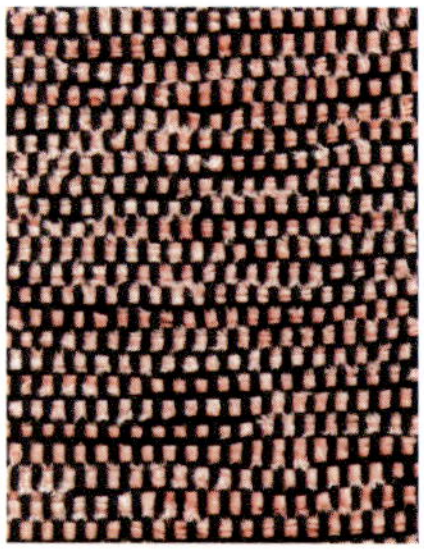
極太		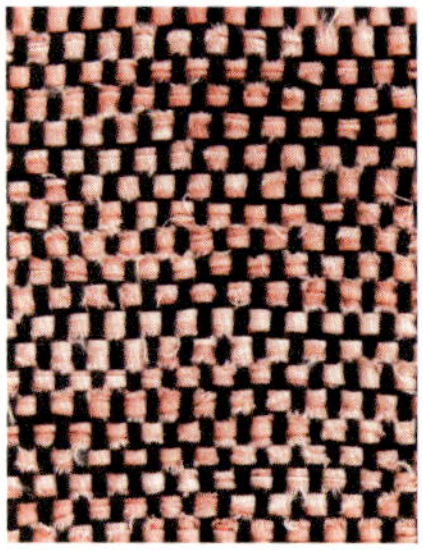	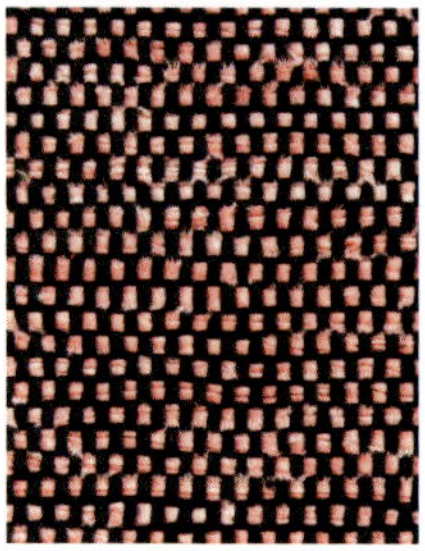	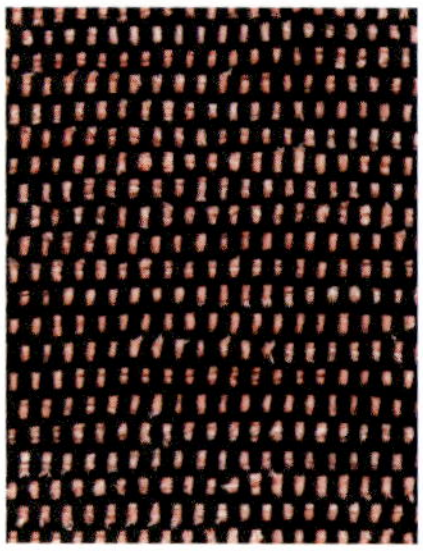

あずまバッグの作り方

作品中で紹介したあずまバッグの作り方を紹介します

＊参照作品（P58、P68、P84、P86）

［準備］
3×25cmのベルトを用意し、
ベルト金具を取り付けておきます。
ベルトを長くすることで斜めがけバックに
することもできます。

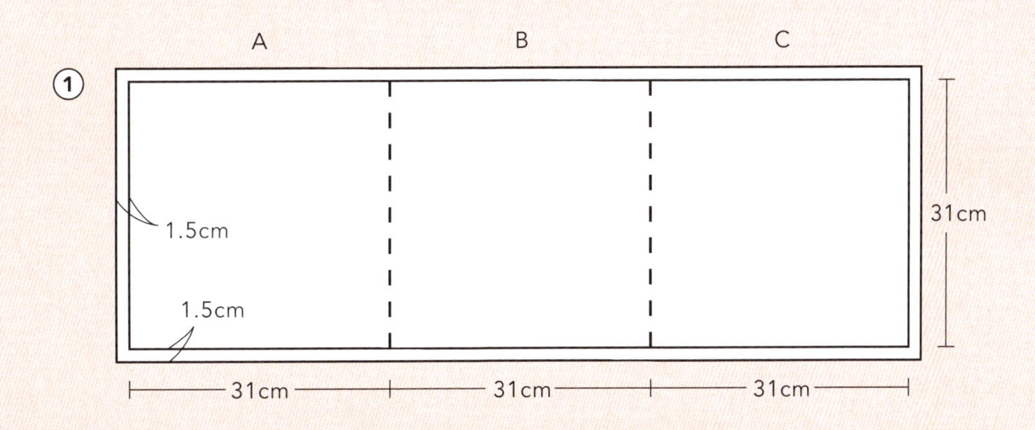

織った生地、横96cm縦34cmの周り1.5cmが縫い代になります。

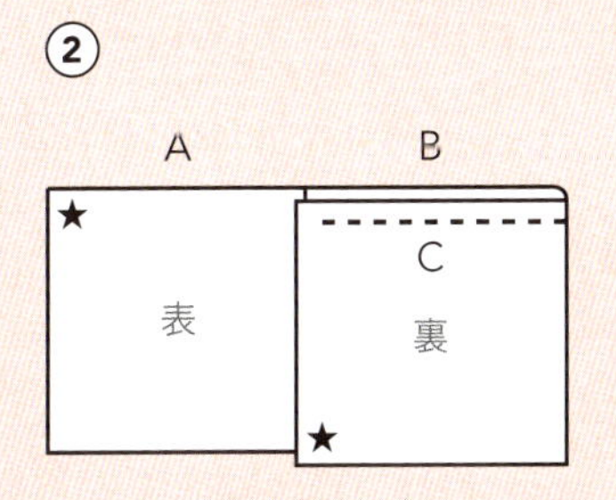

生地の右端1/3を中表に折り、図のBとCを、縫い代の手前まで縫い合わせます。

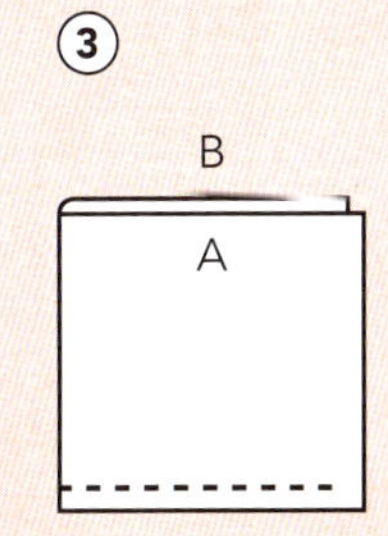

Aも中表に折り、AとBの下部を縫い合わせます。この時Cの布は縫わないようにします。

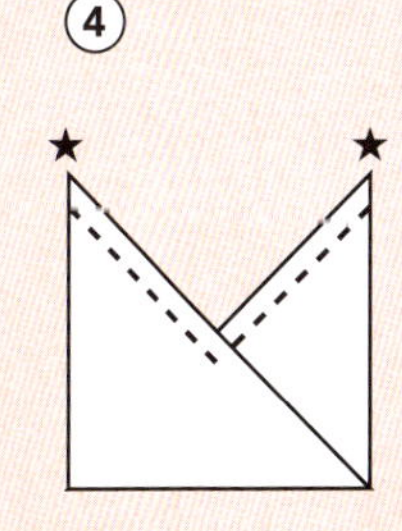

★部分を引っぱり、表に返して、点線部分を縫って補強します。

裂き織りレッスン

全国お教室一覧

詳しくは直接お教室にご連絡ください。

所在地:弘前市
最寄駅:JR弘前駅

http://ameblo.jp/teori-yusuian/

①百石町展示館教室 ②ヨークカルチャー教室弘前
③NHK文化センター弘前

(主宰者:熊田 郁子)

TEL.090-1378-9575 ✉tsukiusagi195yusuian@gmail.com

秋田県

所在地:秋田市中通1-3-5秋田キャッスルホテル3F

http://culture.gr.jp

秋田カルチャースクール・キャッスル校
「手織り・裂き織り」

(主宰者:佐々木 真知子)

TEL.018-831-4211 ✉kochima213@live.jp

所在地:秋田市飯島長野中町8-3

染・織・工房オルル

(主宰者:柴田 啓子)

TEL.018-846-5620 FAX.018-846-5620 ✉gure2481@yahoo.co.jp

所在地:塩釜市南町5-5-604
最寄駅:JR仙石線 西塩釜駅徒歩3分

手織倶楽部　楽絲舎(らくししゃ)

(主宰者:長渕 陽子)

TEL.022-361-5331 FAX.022-361-5331

所在地:塩釜市新浜町2-15-7
最寄駅:JR仙石線 東塩駅より徒歩20分

ウィーヴィングルーム　スペース

(主宰者:古山 文子)

TEL.022-364-7388 FAX.022-364-7388 ✉furufuru@triton.ocn.ne.jp

所在地:龍ヶ崎市長山
最寄駅:JR常磐線 佐貫駅よりバス

手織り・裂き織り教室　龍ヶ崎

(主宰者:小野)

TEL.0297-66-8207 FAX.0297-66-8207

所在地:①新宿区西新宿新宿2-6-1住友ビル10F
②さいたま市中央区新都心8番地 さいたまスーパーアリーナ内6F
最寄駅:①JR新宿駅西口より徒歩8分 ②JRさいたま新都心駅より徒歩6分

①朝日カルチャーセンター新宿教室(東京)
②NHK文化センターさいたまアリーナ教室

(主宰者:後藤 美由紀)

TEL.①03-3344-1946 ②048-600-0091 FAX.①03-3344-1930 ②048-600-0094

所在地:①上里町大字七本木2272-1ウニクス上里1F
②深谷市上柴町西4-2-14アリオ深谷1F
最寄駅:①JR高崎線 神保原駅 ②JR高崎線 深谷駅

①上里カルチャーセンター
②深谷カルチャーセンター

(主宰者:町田)

TEL.①0495-33-7411 ②048-551-2211 ✉oriton125@yahoo.co.jp

所在地:①ウエストタワー2F ②江戸川区東葛西 ③イトーヨーカドー綾瀬店6F
④取手駅ビル5F ⑤松戸市二十世紀が丘　最寄駅:①京成本線ユーカリが丘
②東西線葛西駅 ③千代田線綾瀬駅 ④JR取手駅 ⑤JR松戸駅・北総線北国分駅

①NHK文化センターユーカリが丘教室 ②東京カルチャーセンター
③セブンカルチャークラブ綾瀬 ④取手カルチャー
⑤手仕事教室シュピンネン

(主宰者:金澤)

TEL.090-4538-5754 FAX.047-392-5126 ✉riesan@hotmail.co.jp

所在地:鎌ヶ谷市富岡
最寄駅:東武アーバンパークライン鎌ヶ谷駅より徒歩5分(P有)

加納和子手織工房

(主宰者:加納 和子)

TEL.090-8770-6688 FAX.047-412-3400 ✉0318ka-ko@jcom.home.ne.jp

所在地:千葉市稲毛区小仲台8-3-1
最寄駅:JR 稲毛駅よりバス5分

布遊びの部屋

(主宰者:木村 美和子)

TEL.043-251-9651 FAX.043-251-9651 ✉miki0709@mist.dti.ne.jp

所在地:①我孫子市柴崎台
最寄駅:①JR常磐線天王台駅

①眞織工房 ②NHK文化センター柏教室
③NHK文化センター千葉教室

(主宰者:廣田 マリ子)

✉①zaq00330@nifty.com

TEL.①04-7183-4202 ②04-7148-1711 ③043-202-7231 FAX.①04-7183-4202

所在地:国分寺市西町　最寄駅:①JR国立駅北口よりバス5分徒歩3分
※Pあり ②東横線代官山駅徒歩2分 ③JR国分寺駅徒歩5分

http://asahimobag.com

①自宅教室Atelier de Olive 国立 ②カフェレッスン クラッセ代官山
③手織り教室P-word 国分寺

(主宰者:歌川 智子)

TEL.090-9151-8049 FAX.042-505-6186 ✉utagawa@msa.biglobe.ne.jp

東京都
所在地:①西武池袋本店別館8階 ②浦和ロイヤルパインズホテルB1
最寄駅:①JR池袋駅 ②JR浦和駅
①http://www.7cn.co.jp/7cn/culture/cc/
②http://www.ync.ne.jp/urawa/
①池袋コミュニティーカレッジ
②よみうりカルチャー浦和
(主宰者:大塚 浩美)
TEL.①**03-5949-5483** ②**048-824-5711**(代)

所在地:①国立市東 ②荻窪ルミネ ③南大沢ガレリア・ユギ ④ららぽーと立川立飛
最寄駅:①JR国立駅より徒歩10分 ④多摩モノレール立飛駅
①らっくらっく工房 ②よみうりカルチャー荻窪
③南大沢カルチャー
④ジュージヤカルチャー立川立飛
(主宰者:松本)
✉matsumoto.853@r4.dion.ne.jp
TEL.①**042-572-1358** ②**03-3392-8891** ③**042-679-6811** ④**042-540-7151**

東京都
所在地:品川区西五反田6-24-15 Y.BLDG 1～2階
最寄駅:都営地下鉄戸越駅・東急池上線戸越銀座駅・
大崎広小路駅より徒歩5分、JR五反田駅・大崎駅より徒歩12分
http//www.minowanaoko.com
手織り・草木染め Studio A Week
(主宰者:箕輪 直子)
TEL.**03-6417-0510** FAX.03-6417-0511 ✉a-week@minowanaoko.com

神奈川県
所在地:鎌倉市扇ヶ谷1-7 今小路クラブ
最寄駅:JR 鎌倉駅西口より徒歩5分
鎌倉 紅葉ヶ谷の風から(もみじがやつ)
(主宰者:今田 尚美)
TEL.**0467-25-4855** FAX.0467-25-4855

所在地:①②横浜市西区 最寄駅:①JR・私鉄・地下鉄横浜駅
②JR・横浜市営地下鉄桜木町駅・みなとみらい線みなとみらい駅
①朝日カルチャーセンター横浜
②NHK文化センター横浜ランドマーク教室
(主宰者:神谷 悦子)
TEL.①**045-453-1122** ②**045-224-1110**

神奈川県
所在地:①茅ヶ崎市新栄町12-12 ②茅ヶ崎市
最寄駅:①②JR茅ヶ崎駅
①ヨークカルチャーセンター茅ヶ崎
②柴田工房
(主宰者:柴田 秀子)
✉hs.shibata@hotmail.co.jp
TEL.①**0467-58-1010** ②**0467-54-4007** FAX.②0467-54-4007

所在地:豊田市梅坪町2-11-7
最寄駅:名古屋鉄道梅坪駅より徒歩5分
愛知環状鉄道愛環梅坪駅より徒歩5分
手作り工房 ちゃるま
(主宰者:野田 宏美)
TEL.**0565-33-8883** FAX.0565-33-8883

所在地:鯖江市
最寄駅:福井鉄道西山公園駅より徒歩2分
アトリエ おりせん
(主宰者:佐々木 理恵)
TEL.**090-4686-4374**

所在地:①阪急ターミナルビル7F ②a)奈良市・b)北葛城郡王寺町
最寄駅:①阪急梅田駅上 ②a)瓦町バス停すぐ・b)JR王寺駅よりバス15分
http://tezomeito.exblog.jp/
①大阪産経学園「やさしいゆび織りはじめての手織り」
②手染めと糸のワークショップ
(主宰者:曽田 よう子)
TEL.①**06-6373-1241** ②**0745-72-0316** FAX.①06-6373-1421 ②0745-72-0316

所在地:浜田市熱田町887-4 最寄駅:JR山陰本線浜田駅より車10分、
JR山陰本線西浜田駅より徒歩10分
http://oriimu.at.webry.info/
手織り&草花染め工房 おりいむ
(主宰者:東 政子)
TEL.**090-8604-0898** FAX.0855-28-7885 ✉ma-105higa@docomo.ne.jp

所在地:鳴門市撫養町南浜字馬目木85-5
最寄駅:JR撫養駅より徒歩5分
①ア・ドミシール手織教室
②手織教室(五島糸店内)
(主宰者:船井 由美子)
TEL.**088-685-3297** FAX.088-685-3297 ✉drggn734@yahoo.co.jp

所在地:①熊本市西区田崎3-4-18 ②鶴屋百貨店WING館6F
最寄駅:①JR熊本駅 ②JR熊本駅より市電またはバス20分
①手織り倶楽部くまもと 織好SUN
②NHKカルチャー熊本教室
(主宰者:髙田 敦子)
✉tattakata467@gmail.com
TEL.①**096-355-1505** ②**096-351-8888** FAX.①096-355-1505

鹿児島県
所在地:鹿児島市緑ヶ丘町28-1
最寄駅:JR鹿児島中央駅下車 南国交通緑ヶ丘団地東バス停より徒歩1分
染織アトリエ繭(まゆ)
(主宰者:杉尾 緑)
✉midorimayu@po3.synapse.ne.jp
TEL.**099-243-6605**／**090-5292-9883** FAX.099-243-6605

箕輪直子

染織家。日本染織協会会長（所属　楽習フォーラム・リビングアート手織倶楽部、草花のキッチン染め、ゆび織りディプロマ講座、裂き織りディプロマ講座）。品川区西五反田で手織りと草木染めのショップStudio A Weekを主宰。著書に『裂き織り大全』、『手織り大全』、『はじめての手織りレッスン』、『誰でもできる草木染めレッスン』（以上、誠文堂新光社）他多数。

Studio A Week
東京都品川区西五反田6-24-15 Y.BLDG
TEL：03-6417-0510
http://www.minowanaoko.com

＊この本に出てくる道具・材料等の一部はオンラインショップで扱っています

STAFF

写真　田尻陽子、井上孝明、熊原美惠
デザイン　岡本佳子
モデル　NIJI SONG
http://www.nijisong.com/
制作協力　大塚浩美、後藤美由紀、廣田眞理子、熊田郁子、坂部由美子、佐々木真知子
編集　森田有希子
協力　卓上オープンリード「咲きおり」
クロバー株式会社
大阪市東成区中道3-15-5
電話06-6978-2277

卓上クローズドリード「織美絵(オリヴィエ)」
ハマナカ株式会社
京都市右京区花園薮ノ下町2-3
電話075-463-5151

裂き織り用木綿布・糸
横田株式会社
大阪市中央区南久宝寺町2-5-14
電話06-6251-2183(代)

糸の種類・かけ方、基本の織り方などをわかりやすく解説

はじめての裂き織りレッスン

NDC753.8

2017年3月12日　発　行
2022年2月1日　第5刷

著　者　箕輪直子
発行者　小川雄一
発行所　株式会社 誠文堂新光社
〒113-0033
東京都文京区本郷3-3-11
電話03-5800-5780
https://www.seibundo-shinkosha.net/
印刷所　株式会社 大熊整美堂
製本所　和光堂 株式会社

ISBN978-4-416-71647-2